W0180709

Grete Wehmeyer
Langsam leben

Grete Wehmeyer

LANGSAM
LEBEN

Mit Illustrationen von Eva Spanjardt

Herder Freiburg · Basel · Wien

Alle Rechte vorbehalten – Printed in Italy
© Verlag Herder Freiburg im Breisgau 2000
Frontispiz: Fotografie von Tina und Horst Herzig
Einbandgestaltung: Hermann Bausch,
unter Verwendung einer Illustration von Eva Spanjardt
Satz: Layoutsatz Kendlinger
Herstellung: Milanostampa S.p.A. – New Interlitho 2000
ISBN 3-451-27237-7

◈◈◈◈◈◈◈◈◈◈◈◈◈◈◈◈◈◈◈◈◈◈◈◈◈◈◈◈◈◈◈◈◈◈◈

Inhalt

❖❖❖❖❖❖❖❖❖❖❖❖❖❖❖❖❖❖❖❖❖❖❖❖❖❖❖❖❖❖❖❖

Nicht hastig leben.
Die Sachen verteilen wissen,
heißt sie zu genießen verstehen.
Viele sind mit ihrem Glück
früher als mit ihrem Leben zu Ende;
sie verderben sich die Genüsse,
ohne ihrer froh zu werden,
und nachher möchten sie umkehren,
wenn sie ihres weiten Vorsprungs inne werden.
Wir haben mehr Tage als Freude zu erleben.
Man sei langsam im Genießen,
schnell im Wirken;
denn die Geschäfte sieht man gern,
die Genüsse ungern beendigt.

Baltasar Gracián (1647)

WIE WIR WURDEN,
WAS WIR IMMER NOCH SIND

Geschwindigkeit ist die Seele der Geschäfte.
Oder: Zeitvergeudung ist die
schwerste aller Sünden

„Weg mit aller Trägheit. Jede Minute Deines Lebens wende
auf tätiges Vergnügen oder nützliche Verrichtungen ...
Jeder Augenblick kann zu irgendeinem Nutzen verwandt
werden ... Versäume niemals eine Minute in Müßiggang
und Untätigkeit ... Was Du vorhast, tue im ersten Augenblick, der sich dazu zeigt, nicht zur Hälfte, sondern voll-
ende es, womöglich ununterbrochen! Mit Geschäften
muß man nicht zögern und zaudern ... Geschwindigkeit
ist die Seele der Geschäfte."

◆◆

Solche Ratschläge schrieb Lord Chesterfield seinem Sohn in zahlreichen Briefen zwischen 1741 und 1754. Um 1665 stellte Richard Baxter in seinem weit verbreiteten „Christian Directory" fest:

„Die Zeit gut anwenden heißt darauf achten, daß wir sie nicht für nichtige Dinge vergeuden, sondern jede Minute als höchst kostbar nutzen ... Gott ist es, der dich zur Arbeit ruft ... Zeitvergeudung ist die schwerste aller Sünden."

Was alles als Zeitverschwendung angesehen wurde: Geselligkeit, faules Gerede, untätige Kontemplation, mehr als sechs bis acht Stunden Schlaf, luxuriöse Lebensführung, das Lesen von Romanen, der Besuch weltlicher Theateraufführungen.

Die deutschen Pietisten waren womöglich noch strenger. August Hermann Francke (1663–1727) empfahl, religiöse Tagebücher zu führen, damit man sich ständig Rechenschaft über den angemessenen Gebrauch der Zeit, also deren volle Ausschöpfung, ablegen könne. Besonders rigoros regelte Nikolaus Ludwig Graf von Zinzendorf (1700–1760), der Begründer der Herrnhuter Brüdergemeinde sein Leben. In seiner Biographie steht zu lesen:

„Sein Gemüth war nicht nur auf die gegenwärtigen, sondern auch auf die vergangenen und zukünftigen Jahre, Monate, Wochen, Tage und Stunden gerichtet. Er überdachte zum voraus, was für Arbeiten nützlich und nöthig wären, und was er für Zeit dafür brauchen dürfte. Sodann machte er sich ein Register von den bevorstehenden Tagen, Wochen und Monaten, und schrieb sich die Arbeiten dazu, die er sich vorgenommen hatte. Einen jeden Tag theilte er wieder nach seinen Stunden ein, und merkte sich die zu jeder Stunde gehörige Arbeit. Kam ihm was

◆◆◆◆◆◆◆◆◆◆◆◆◆◆◆◆◆◆◆◆◆◆◆◆◆◆◆◆◆◆◆◆◆◆

dazwischen, so suchte er es nachzuholen, und das machte, daß er oft den größten Theil der Nacht zu Hilfe nahm, um sein bestimmtes Ziel zu erreichen. Wenn er nun einen gewissen Periodum zurückgelegt hatte, so nahm er die entworfenen Register vor sich, und sahe nach, was er gethan habe, und worinnen er zurückgeblieben sei. Man fand nach seinem Heimgang unter seinen Briefschaften viele solche Zeitrechnungen, und dabey manche Anmerkungen, woraus man deutlich abnehmen konnte, wie er entweder dem Herrn gedanket, wenn er durch seine Gnade und Beystand sein Ziel erreicht; oder mit Tränen um Vergebung gebeten, wenn er etwas, das er für nöthig gehalten, schuldig geblieben war. Und man darf getrost sagen, daß er seine Zeit mit größter Treue dem Herrn und seinem Nächsten zum Dienst anzuwenden gesucht und gewußt habe."

Graf Zinzendorf forderte, was er auch selber erfüllte:

„Der Heiland hat gesagt: Es sind des Tages 12 Stunden. Wir können nach unserer Art zu leben in unserem Climate der Arbeit noch mehr Stunden geben – und man danket dem Heiland, wenn man mit soviel Zeit fertig wird; ja mancher kann nicht fertig werden, wenn er auch alle Zeit darauf wendet. (...) Man arbeitet nicht allein, daß man lebt, sondern man lebt um der Arbeit willen, und wenn man nichts mehr zu arbeiten hat, so leidet man oder entschläft."

In protestantischen, calvinistischen und puritanischen Gebieten setzte sich die Vorstellung durch, daß der Mensch einen „Beruf" haben müsse. Luther benutzte in seiner Bibelübersetzung für das lateinische Wort „vocatio" das deutsche Wort „Beruf". Darin schwingt der halbsakrale Gedanke „Ruf" und „Berufung" mit. Das dürfte weniger dem Geist des Originals als mehr der Weltauffassung des Übersetzers entsprochen haben. Im Original ruft Gott zu einem heiligen Leben auf, in klösterlicher Askese, das betraf vor allem Geistliche, Nonnen und Mönche, aber keineswegs Mitglieder der Gesellschaft wie du und ich. Von diesen wurde nun mehr und mehr „innerweltliche" Askese erwartet. Es gab temperamentvolle Proteste, zum Beispiel von Jean Jacques Rousseau (1712–1778):

„Warum sollte ich, der ich nur die Einsamkeit und den Frieden suche, ich, dessen höchstes Glück die Faulheit und der Müßiggang ist, ich, dem Lässigkeit und Leiden kaum Zeit lassen, für meinen Unterhalt zu sorgen, mich in ein bewegtes, verbrecherisches Leben stürzen. (...) Ich würde jeden Tag für sich selbst genießen, unabhängig vom vorhergehenden und vom folgenden ... Ausschließlich mit dem Ziele beschäftigt, nach welchem sie streben, schauen die Menschen mit Bedauern auf den Zwischenraum, der sie von demselben trennt ... Niemand will für heute leben, niemand ist mit der Minute, in der er lebt, zufrieden, allen erscheint sie zu langsam dahinzuschleichen. Wenn sie sich beklagen, daß die Zeit zu schnell dahineile, so sprechen sie eine Lüge aus. Sie möchten gern alles dahingeben, wenn sie dafür die Fähigkeit erlangen könnten, den Lauf der Zeit zu beschleunigen."

Die Calvinisten und die englischen Puritaner krönten das Dogma der optimalen Zeitausnutzung um die anfeuernde Variante – geradezu ein Geniestreich –, daß sich an der materiellen Ausbeute, modern gesagt am Kontostand, die Zustimmung Gottes ablesen lasse: wirtschaftlicher Erfolg, Reichtum galten als von Gott geschickter Lohn für den gewissenhaften Umgang mit der Zeit. Und dann kam,

◆◆◆◆◆◆◆◆◆◆◆◆◆◆◆◆◆◆◆◆◆◆◆◆◆◆◆◆◆◆◆◆◆◆◆

ursprünglich vom Religiösen losgelöst, von Benjamin Franklin der Satz, der das Leben der Menschen in den letzten 250 Jahren beherrscht hat:

„Bedenke, daß die Zeit Geld ist; wer täglich zehn Schillinge durch seine Arbeit erwerben könnte und den halben Tag spazieren geht, oder auf seinem Zimmer faulenzt, der darf, auch wenn er nur sechs Pence für sein Vergnügen ausgibt, nicht dies allein berechnen, er hat neben dem noch fünf Schillinge ausgegeben oder vielmehr weggeworfen.

Bedenke, daß Kredit Geld ist. Läßt jemand sein Geld, nachdem es zahlbar ist, bei mir stehen, so schenkt er mir die Interessen oder so viel, als ich während dieser Zeit damit anfangen kann. Dies beläuft sich auf eine beträchtliche Summe, wenn ein Mann guten und großen Kredit hat und guten Gebrauch davon macht.

Bedenke, daß Geld von einer zeugungskräftigen und fruchtbaren Natur ist. Geld kann Geld erzeugen, und die Sprößlinge können noch mehr erzeugen und so fort. Fünf Schillinge umgeschlagen sind sechs, wieder umgetrieben sieben Schilling drei Pence und so fort, bis es hundert Pfund Sterling sind. Je mehr davon vorhanden ist, desto mehr erzeugt das Geld beim Umschlag, so daß der Nutzen schneller und immer schneller steigt. Wer ein Mutterschwein tötet, vernichtet dessen ganze Nachkommenschaft bis ins tausendste Glied. Wer ein Fünfschillingstück umbringt, mordet (!) alles, was damit hätte produziert werden können: ganze Kolonnen von Pfunden Sterling."

In Benjamin Franklins Kopf hatte das Geld noch keineswegs die alles unterjochende Bedeutung, die es später gewann – nicht zuletzt in Zusammenhang mit seinem

◆◆◆◆◆◆◆◆◆◆◆◆◆◆◆◆◆◆◆◆◆◆◆◆◆◆◆◆◆◆◆◆◆◆

eigenen Satz „Time is money". Auch Arbeit spielte für ihn
nicht die Hauptrolle. Er sah dafür nur vor- und nachmittags jeweils vier Stunden vor und wies auf andere Tätigkeiten hin:

„Steh auf, wasche Dich, bete zum Allmächtigen! Richte Dir
das Geschäft des Tages ein und fasse Deine Entschlüsse
für denselben, setze das jeweilige Studium fort und früh-
stücke" – und am Spätnachmittag und Abend: „Nimm das
Abendbrot ein. Unterhalte Dich mit Musik, Lesen,
Gespräch und Zerstreuung. Prüfe den verlebten Tag."

Bei den Quäkern, Baptisten und Methodisten wurde
unaufhörlich wiederholt, daß Gott die Seinen segne:
„Frömmigkeit ist der sicherste Weg zum Reichtum." Max
Weber (1864–1920), der Interpret des Kapitalismus der
ersten Stunde, betont die europäisch-puritanische Abkunft der Ehe von protestantischer Ethik und dem Geist
des Kapitalismus:

„Diese Ausprägung des Berufsbegriffs hat zunächst dem
modernen Unternehmer ein fabelhaft gutes Gewissen
und außerdem ebenso arbeitswillige Arbeiter geliefert,
indem er der Arbeiterschaft als Lohn ihrer asketischen
Hingabe an den Beruf und ihrer Zustimmung zu rück-
sichtsloser Verwertung durch den Kapitalismus die ewige
Seligkeit in Aussicht stellte, die in Zeiten, wo die kirchliche
Disziplin das gesamte Leben in einem uns jetzt unfaßba-
ren Grade in ihre Zucht nahm, eine ganz andere Realität
darstellte als heute. Auch die katholische und die lutheri-
sche Kirche haben Kirchendisziplin gekannt und geübt.
Aber bei den protestantischen asketischen Gemeinschaf-
ten hing die Zulassung zur Abendmahlsgemeinschaft an
der ethischen Vollwertigkeit; diese aber wiederum wurde

◆◆◆◆◆◆◆◆◆◆◆◆◆◆◆◆◆◆◆◆◆◆◆◆◆◆◆◆◆◆◆◆◆◆◆

mit geschäftlicher Ehrbarkeit identifiziert, während nach dem Inhalt des Glaubens niemand fragte. Eine derart machtvolle, unbewußt raffinierte Veranstaltung zur Züchtung kapitalistischer Individuen hat es in keiner anderen Kirche oder Religion gegeben, und ihr gegenüber schrumpft alles zusammen, was auch die Renaissance für den Kapitalismus getan hat. Deren Künstler haben sich mit technischen Problemen beschäftigt und waren Experimentatoren ersten Ranges. Aus der Kunst und dem Bergbau wurde dann das Experiment in die Wissenschaft herübergenommen. Aber als Weltansicht hat die Renaissance zwar die Politik der Fürsten weitgehend bestimmt, jedoch nicht die Seele der Menschen, so umgestaltet wie die Neuerungen der Reformation."

Im „aufgeklärten" Europa des 18. Jahrhunderts bekam der nichtfeudale Teil der Gesellschaft, der gewohnt war zu arbeiten, mehr und mehr das Sagen. Man grenzte sich gegen das untätige, auf Wohlleben ausgerichtete Dasein des Adels ab und baute das Leben in allen Bereichen um – immer abgesichert durch das Postulat, daß Gott den Fleißigen und Sparsamen belohne mit noch höherem materiellen, sprich geldlichem, Gewinn. Natürlich mußte wie bisher – ebenfalls nach „Gottes Willen" – die Unterschicht die härteste Arbeit leisten. Dazu mußte sie von Kind auf trainiert werden. William Temple plädierte im Jahre 1770 dafür, arme Kinder im Alter von vier Jahren in die Arbeitshäuser zu schicken. Dort mußten sie Fabrikarbeit leisten und erhielten zwei Stunden Schulunterricht am Tag.

„Es ist sehr nützlich, daß sie auf irgendwelche Art ständig beschäftigt werden, wenigstens 12 Stunden am Tag, ob sie damit nun ihren Unterhalt verdienen oder nicht; denn wir

13

◆◆◆◆◆◆◆◆◆◆◆◆◆◆◆◆◆◆◆◆◆◆◆◆◆◆◆◆◆◆◆◆◆◆◆

hoffen, daß sich auf diese Weise die heranwachsende Generation so sehr an ständige Beschäftigung gewöhnen wird, daß sie diese zuletzt als angenehm und unterhaltend empfindet."

Im Töpfergewerbe in England mußten Kinder und Frauen 14 bis 16 Stunden am Tag arbeiten – allerdings nur von Mittwoch bis Samstag, an den anderen Tagen machten sie „blau". Männer arbeiteten in Fabriken 72 Stunden in der Woche, also 12 Stunden täglich, unter Umständen mehr, wenn nämlich die Fabrikherren während der Arbeitszeit die Uhren verstellten, unbemerkt von den Arbeitern, die natürlich keine Uhren besaßen, wenn sie überhaupt damit umgehen konnten. So waren oftmals 14 bis 16 Arbeitsstunden am Tag zu leisten.

Francis Place berichtet über seine Erfahrung im Arbeitsleben: „Ich weiß nicht, wie ich den Überdruß und Ekel beschreiben soll, der den Arbeiter manchmal überkommt und ihn für längere oder kürzere Zeit unfähig macht, seiner gewohnten Tätigkeit nachzugehen. Fast sechs Jahre lang arbeitete ich – wenn ich Arbeit hatte – zwölf bis achtzehn Stunden am Tag. Wenn ich aus dem erwähnten Grund nicht mehr arbeiten konnte, rannte ich weg und lief so rasch es ging nach Highgate, Hampstead, Muswell-hill oder Norwood und kehrte dann zu meinem Brechmittel zurück. So geht es jedem Arbeiter, den ich kenne, und je hoffnungsloser die Lage eines Mannes ist, desto öfter wiederholen sich solche Anfälle und desto länger dauern sie."

Aber nicht nur die arbeitende Schicht wurde so hart vorgenommen; das andere Heer der Sklaven – freilich nicht als solche bezeichnet –, die Frauen, wurden präzise auf ihren Tageslauf vorbereitet. 1789, im Jahr der großen Revolution, formulierte Joachim Heinrich Campe einen „Väterlichen Rath für meine Tochter. Der erwachsenen weiblichen Jugend gewidmet":

„Die Mutter wird dir zeigen, wie die wirtschaftlichen und hausmütterlichen Geschäfte am besten, am ordentlichsten und am geschwindesten verrichtet werden können ... Sie wird die Zeit des Aufstehens und des Schlafengehens, die der Arbeit und der Erholung, die der Mittags- und Abendmahlzeit usw. genau mit dir verabreden, einen nach Stunden, nach halben und Viertelstunden bestimmten Lebens- und Geschäftsplan darüber aufsetzen, und mit liebevoller Strenge darüber wachen, daß an jedem Tage und in jeder Stunde gerade das von dir geschehe oder besorgt werde, was der Plan dafür angeben wird."

Rousseau befürwortete in seinem Gegenkonzept, daß Kinder nicht zu sehr an ein starres Stundenschema gewöhnt werden sollten. Sein Ideal von Leben war, daß „die Zeit verrinnen würde, ohne daß jemand daran dächte, die Stunden zu zählen. Die Mahlzeit würde uns als Ruhezeit dienen und solange währen wie die Tageshitze."

Alles erlag dem Beschleunigungswahn. In der Musik wurde das sehr deutlich bemerkt und angegriffen. Der Flötenmeister Johann Joachim Quantz (1697–1773) schrieb in seiner Flötenschule von 1752:

„In früheren Zeiten wurden sehr schnelle Passagen fast zweimal so langsam gespielt als heutzutage. Ihr allegro assai, presto, furioso usw. war kaum schneller als unser allegretto. Die vielen schnellen Stellen in der Instrumentalmusik älterer deutscher Komponisten sahen viel schwieriger aus, als sie tatsächlich waren."

◆◆◆◆◆◆◆◆◆◆◆◆◆◆◆◆◆◆◆◆◆◆◆◆◆◆◆◆◆◆◆◆◆

Diese Sätze stammen nicht nur aus der Zeit von Baxter, Zinzendorf und Franklin, sie betrafen auch Leben und Werk von J.S. Bach, der 1750 starb. Fünfundzwanzig Jahre nach der Äußerung von Quantz beklagte sich W. A. Mozart in einem Brief an seinen Vater über zu hohe Spielgeschwindigkeiten:

„... vor dem Tische hat er [Abbé Vogler] mein Concert ... Prima vista – herabgehudelt, das erste stuck gieng Prestißimo das Andante allegro und das Rondo wahrlich Prestißißimo. den Baß spielte er meistens anderst als es stund, und bisweilen machte er ganz eine andere Harmonie und auch Melodie. es ist auch nicht anderst möglich, in der geschwindickeit, die augen können es nicht sehen, und die hände nicht greifen. ja was ist den das? – so ein Prima vista spiellen, und scheissen ist bey mir einerley. die zuhörer / ich meyne diejenigen, die würdig sind so genannt zu werden / können nichts sagen, als daß sie Musique und Clavier spielen – gesehen haben. sie hören, dencken – und empfinden so wenig dabey – als er. sie können sich leicht vorstellen das es nicht zum ausstehen war, weil ich es nicht gerathen konnte ihm zu sagen, viell zu geschwind. übrigens ist es auch viell leichter eine sache geschwind, als langsam zu spielln. man kann in Pasagen etliche Noten im stich lassen, ohne daß es jemand merckt; ist es aber schön? – man kann in der geschwindigkeit mit der rechten und linken hand verändern, ohn das es jemand sieht und hört: ist es aber schön?"

In den folgenden Jahrzehnten wurde immer wieder das beschleunigte Spieltempo kritisiert. Trotzdem war man nach 1850 schon auf dem doppelten Tempo angekommen. Seitdem werden die Werke der Komponisten von

◆◆◆◆◆◆◆◆◆◆◆◆◆◆◆◆◆◆◆◆◆◆◆◆◆◆◆◆◆◆◆◆◆◆◆◆◆

Johann Sebastian Bach bis zu Franz Liszt zweimal so schnell gespielt, wie ihre Erschaffer sie sich vorgestellt hatten. – Das ist eigentlich gar nicht so viel im Vergleich mit dem ICE, der vierzig mal schneller fährt als eine Postkutsche. Bestürzend ist jedoch: Die Musik von Bach bis Liszt hat sich durch die Erhöhung der Spielgeschwindigkeit in ihrem Inhalt und in ihrer Wirkung auf den Zuhörer und auch auf den Spieler fundamental verändert. Und noch etwas: das doppelte Tempo geht über die Möglichkeiten der Instrumentalisten und Sänger meistens hinaus. In was ist der Mensch mit seiner Fragilität hineingeraten?

„Die Uhr, nicht die Dampfmaschine, ist die Schlüsselerfindung für das moderne Industriezeitalter. Die Uhr ist eine Art Kraftmaschine, deren ‚Produkt' Sekunden und Minuten sind: Durch ihr eigenstes Wesen trennte sie die Zeit vom menschlichen Erleben und half, den Glauben an eine unabhängige Welt mathematisch meßbarer Folgen zu schaffen: die besondere Welt der Naturwissenschaften."

Das schrieb Lewis Mumford 1934 in seinem Buch „Technics and Civilization". Es ist zu wenig, nur auf die Beschädigung der Menschen durch das Uhrendenken hinzuweisen: die gnadenlose und untrennbare Verflechtung mit „money", mit Gewinn, hat Verarmungen gebracht, auf die Max Weber schon hinwies: der Puritanismus entwickelte „Antipathie gegen feudale Lebensformen", sein „Sparzwang" erstreckte sich auch auf die kulturellen Güter: „Sie dürfen nichts kosten ... Der Flitter und Schein chevalresken Prunkes ... das Theater war dem Puritaner verwerflich." Weber zieht die trübe Bilanz, daß sich die Askese „wie ein Reif auf das fröhliche alte England" legte.

◆◆◆◆◆◆◆◆◆◆◆◆◆◆◆◆◆◆◆◆◆◆◆◆◆◆◆◆◆◆◆◆◆◆◆

„Die innerweltliche protestantische Askese wirkte mit voller Wucht gegen den unbefangenen Genuß des Besitzes ... was noch wichtiger war: die religiöse Wertung der rastlosen, stetigen, systematischen, weltlichen Berufsarbeit als schlechthin höchsten asketischen Mittels ... der denkbar mächtigste Hebel der Expansion jener Lebensauffassung, die wir hier als ‚Geist des Kapitalismus‘ bezeichnet haben ... Sie stand an der Wiege des modernen ‚Wirtschaftsmenschen‘ ... Sehr regelmäßig finden wir die genuinsten Anhänger puritanischen Geistes in den Reihen der erst im Aufsteigen begriffenen Schichten, der Kleinbürger und Farmer ...“[1]

In Mitteleuropa war 1789, als das Bürgertum begann, die politischen, kulturellen und wirtschaftlichen Geschicke in die Hand zu nehmen, die Kurve zum Ideal des arbeitsamen, und geldversessenen „Wirtschaftsmenschen“ vollzogen. Adolf Freiherr von Knigge formulierte in ebendiesem Jahr den Spruch für das Poesiealbum dieses neuen Europäers: „Sei pünktlich, arbeitsam, ordentlich, fleißig in deinem Beruf.“

Wo gab es andere Positionen? Zum Beispiel im alten China. Dort hatte sich mit Konfuzius (551–479 v. Chr.) eine andere Geisteshaltung entwickelt:

> „Der Edle denkt an die Pflicht;
> der Niedrigdenkende an den Gewinn.“

Oder: „Der höhere Mensch liebt seine Seele,
> der niedere Mensch liebt seinen Besitz.“

> „Der höhere Mensch weiß, was richtig ist;
> der niedere weiß, was sich lohnt.“

◆◆◆◆◆◆◆◆◆◆◆◆◆◆◆◆◆◆◆◆◆◆◆◆◆◆◆◆◆◆◆◆◆◆◆◆◆

Damit könnte man heutzutage keine Wahl gewinnen.

> „Der Edle benützt seinen Reichtum,
> um sein Leben reicher zu gestalten.
> Der Niedrigdenkende benützt sein Leben,
> um zu Reichtum zu gelangen."

Man sollte etwas über Konfuzius wissen: Er entstammt einer alten chinesischen Familie, die kurz vor dem Erlöschen stand. Einer der Männer ging eine außereheliche Verbindung mit einem einfachen blutjungen Mädchen ein. Es hatte auf dem Berg Nitschiu gebetet und empfing als Gebetserhörung den Sohn Kung. Der Vater starb, als Kung erst drei Jahre alt war. Der „göttliche" Konfuzius wuchs in ärmlichen Verhältnissen auf. Jedoch:

> „Mit fünfzehn hatte ich mich zum Lernen
> entschlossen, mit dreißig stand ich fest,
> mit vierzig war ich frei von Zweifeln,
> mit fünfzig kannte ich den Willen des Himmels,
> mit sechzig war ich immer noch lernbegierig,
> mit siebzig konnte ich den Wünschen meines
> Herzens folgen, ohne das Maß zu überschreiten."

Mit fünfzig übernahm Konfuzius – der übrigens in erster Linie Musiker war! – das Amt eines Statthalters: „Gute Regierung zeigt sich darin, daß das Volk sein Auskommen hat und sittlich wird. Wohlergehen ohne Sittlichkeit ist ein Fluch."
Sätze, die heutzutage nur Achselzucken hervorrufen:
„Wenn die Oberen Kultur lieben, so ist das Volk leicht zu lenken. Wo ein Gebildeter weilt, kann keine Rohheit aufkommen."

◆◆◆◆◆◆◆◆◆◆◆◆◆◆◆◆◆◆◆◆◆◆◆◆◆◆◆◆◆◆◆◆◆◆◆◆◆

Immer haben die „Oberen" die Verantwortung.

„Das Volk kann man dazu bringen, dem Rechten zu folgen, aber man kann es nicht dazu bringen, es zu verstehen." Also: „Dem Volk vorangehen, Vorbild sein und es ermutigen."

„Eine gute Regierung sorgt dafür, daß das Volk sich wohlfühlt und daß die Fernen herbeikommen."

Die fünf schönen Eigenschaften des Herrschers:

> „Der Herrscher ist gnädig,
> ohne Aufwand zu machen,
> er bemüht das Volk,
> ohne daß es murrt;
> er begehrt, ohne gierig zu sein;
> er ist erhaben, ohne hochmütig zu sein;
> er ist ehrfurchtgebietend,
> ohne heftig zu sein."

Der aktuellste Satz:

> „Solange du dem anderen sein Anderssein nicht verzeihen kannst, bist du noch weit ab von der Weisheit."

Im 13. Jahrhundert wurde der Konfuzianismus in China offizielles Staatsrecht, Sittengesetz und Religion. Nach dem Zweiten Weltkrieg schaffte man den Konfuzius gewidmeten Gedenktag ab. Jedoch mahnte auch Mao-Tse-Tung seine Getreuen, von Konfuzius ebenso zu lernen wie von Marx und Lenin.

Geschwindigkeit!
Die neue Schönheit der Welt

1675 Gründung der Sternwarte in Greenwich. Eine Zusammenfassung unterschiedlicher Ortszeiten wird
möglich.

1691 Die Uhren erhalten erstmalig Minutenzeiger; Turm-
uhren schlagen auch die Viertelstunden.

1700 In England werden für die Tagelöhner Kontrollkar-
ten eingeführt, auf denen Kommen und Gehen auf
die Minute eingetragen wird.

1705 Patent für eine atmosphärische Dampfmaschine von
Newcomen und Cowley.

1769 James Watt konstruiert eine Dampfmaschine, die für
praktische Zwecke verwendet werden kann.

1776 Eine Dampfmaschine kann in einem Hüttenwerk
eingesetzt werden.

1778 Zwei Jahre nach der ersten Nutzung der Dampfmaschine reist Mozart von Mannheim nach Paris und
braucht dafür neuneinhalb Tage. „Wir haben ge-
glaubt, wir können es nicht aushalten, ich hab mich
mein lebetag niehmal so ennuirt ..." Im gleichen Jahr
beklagte er sich über das „Prestißißimo" des Abbé
Vogler.

1779 Dampfmaschine in einer Baumwollspinnerei.

1789 Mozart fährt von Prag nach Wien und schreibt während eines Aufenthaltes in Dresden an seine Frau:
„Wir glaubten, Samstag nach Tisch in Dresden zu
sein, kamen aber erst Sonntag um 6 Uhr abends an;
so schlecht sind die Wege ..."

1790 In der Textilindustrie werden Dampfwagen zum

Transport von Fabrikerzeugnissen eingesetzt; auch Kohle wird auf diese Weise befördert.

1799 Fabrikmäßige Uhrenherstellung in Frankreich.

1801 Polizeidirektor Baumgartner in München erfindet die erste Kontrolluhr.

1802 Die Firma Broadwood in London stellt Klaviere mit Hilfe einer Dampfmaschine her. Während früher ein Handwerksbetrieb etwa 20 Klaviere im Jahr baute, sind es bei Broadwood nun 400. Zwanzig Jahre später produziert das Unternehmen 1500 Stück jährlich. Im Interesse eines schnelleren Güterverkehrs und des Militärs werden in Frankreich bessere Straßen gebaut.

Zum Messen von Geschoßgeschwindigkeiten konstruiert man Taschenuhren mit drei Zifferblättern, die Minuten, Sekunden und Zehntelsekunden anzeigen.

1807 Zwischen New York und Albany verkehrt das erste Dampfschiff.

1814 Johann Nepomuk Mälzel stellt seinen Taktmesser, sein Metronom, vor, mit dessen Hilfe es für die Komponisten möglich wird, das genaue Tempo für die Interpretation ihrer Musik anzugeben.

1817 Erstes Dampfschiff auf der Spree.

1819 Erste Ozeanüberquerung des Dampfschiffs „Savannah".

1818–1869 Lebenszeit des Pianisten Alexander Dreyschock, der zwölf Stunden täglich übte.

1814–1889 Lebenszeit des Pianisten Adolph Henselt, der 16 Stunden täglich übte.

1810–1849 Lebenszeit von Frédéric Chopin – er verbietet

seinen Schülern, mehr als drei Stunden täglich zu üben.

1829 Erste Probefahrt der Dampflokomotive „Rocket" des Engländers Stephenson; ohne Anhänger kann sie 56 Stundenkilometer fahren.

1830 Einweihung der ersten öffentlichen Eisenbahnstrecke zwischen Manchester und Liverpool; die Züge haben eine Fahrgeschwindigkeit von 17 bis 20 Stundenkilometern und sind damit etwa doppelt so schnell wie eine Postkutsche.

1833 Robert Schumann komponiert seine 2. Klaviersonate. Der erste Satz trägt die Spielanweisung „So rasch wie möglich". Auf deutschem Boden ist noch keine Eisenbahn gefahren; was stellt sich Schumann unter „rasch" vor?

1835 Erste deutsche Eisenbahnstrecke zwischen Nürnberg und Fürth.

Ausbau des Eisenbahnnetzes in Westeuropa im Interesse des Handels, des Gütertransports, des Militärs und der Personenbeförderung. Die Güterzüge fahren 20 bis 30 Kilometer in der Stunde.

Circa 1840 Robert Schumann vertont Heines Gedicht „Mein Wagen rollet langsam", zu spielen „nach dem Sinn des Gedichts". Ein *langsamer* Wagen rollte im Gehtempo, also etwa fünf Kilometer pro Stunde.

Mit der Fahrt des ersten Dampfrosses bedeutet rasch schlagartig etwas anderes als vorher, nämlich mindestens die doppelte Geschwindigkeit. Es bleibt festzuhalten, daß Bach, Haydn, Mozart, Beethoven, Schubert und Weber ihre gesamte Musik vor diesem einschneidenden Ereignis komponiert hatten und bereits nicht mehr lebten. Von Chopin gab es zu jener Zeit schon die Préludes und die Etüden, von Liszt das 2. Klavierkonzert, das Es-Dur-Konzert war konzipiert.

Circa 1870 Zwischen Paris und Bordeaux verkehren Trains rapides und fahren 95 Stundenkilometer. Das ist die zehnfache Geschwindigkeit einer von Pferden gezogenen Kutsche, erreicht innerhalb von 40 Jahren!

Der Historiker Friedrich von Raumer (1781–1873) schrieb im Jahr 1835 von seiner Englandreise:

„Vorn der feurige Drache stöhnend, schnaubend und brausend, bis die 20 Wagen an seinem Schwanz befestigt sind und er sie kinderleicht, mit größter Geschwindigkeit, über die waagerechte Bahn fortzieht. Durch Berge ist der Weg gebrochen, Täler sind aufgehöhlt, in den überwölbten Hohlweg wirft der Drache Funken und Flammen; aber trotz all der Gewalt und trotz allen Tobens lenkt ein Mensch mit einem Finger das ganze Ungetüm nach Willkür."[2]

Le Grand Dictionnaire Universel (Paris) definiert in seiner Ausgabe von 1866–1890:

„Eisenbahn! Welch magisches Wort und von welch einer Aureole umgeben, seit sie uns als Synonym von Zivilisation, Fortschritt und Brüderlichkeit erscheint! Der Mensch, auf die Erde gesetzt wie ein Eigentümer auf seinen Grund und Boden, schien zunächst dazu geboren, die Oberfläche zu durchstreifen und die Schönheiten zu bewundern; (...) er betrachtete neidischen Auges die freien Bewohner von Luft und Wasser, und die Intelligenz

✦✦✦✦✦✦✦✦✦✦✦✦✦✦✦✦✦✦✦✦✦✦✦✦✦✦✦✦✦✦✦

schien ihm nur gegeben, um ihm das Gefühl seiner Unterlegenheit zu enthüllen. Heute, dank der Eisenbahn, dank dieses Wunders an Erfindungskraft, hat der Mensch den Fischen und den Vögeln nichts länger mehr zu neiden; die Schwalbe mit ihrem schnellen Flug hätte Mühe, ihr zu folgen; sie kann von einem Pol zum anderen mit größerer Geschwindigkeit gelangen als die riesigen Wale, die im Hin und Her die Ozeane der beiden Welten durchqueren."

Inspiriert durch die Eröffnung der Eisenbahnlinien Paris–Orléans und Paris–Rouen im Mai 1843 schrieb der in Paris lebende Heinrich Heine:

„Die Eröffnung der beiden neuen Eisenbahnen, wovon die eine nach Orléans, die andere nach Rouen führt, verursacht hier eine Erschütterung, die jeder mitempfindet, wenn er nicht etwa auf einem sozialen Isolierschemel steht. Die ganze Bevölkerung von Paris bildet in diesem Augenblick gleichsam eine Kette, wo einer dem anderen den elektrischen Schlag mitteilt. Während aber die große Menge verdutzt und betäubt die äußere Erscheinung der großen Bewegungsmächte anstarrt, erfaßt den Denker ein unheimliches Grauen, wie wir es immer empfinden, wenn das Ungeheuerste, das Unerhörteste geschieht, dessen Folgen unabsehbar und unberechenbar sind. Wir merken bloß, daß unsere ganze Existenz in neue Gleise fortgerissen, fortgeschleudert wird, daß neue Verhältnisse, Freuden und Drangsale uns erwarten, und das Unbekannte übt seinen schauerlichen Reiz, verlockend und zugleich beängstigend. So muß unseren Vätern zumut gewesen sein, als Amerika entdeckt wurde, als die Erfindung des Pulvers sich durch ihre ersten Schüsse ankün-

◆◆◆◆◆◆◆◆◆◆◆◆◆◆◆◆◆◆◆◆◆◆◆◆◆◆◆◆◆◆◆◆◆◆◆

digte, als die Buchdruckerei die ersten Aushängebogen
des göttlichen Wortes in die Welt schickte. Die Eisenbahnen sind wieder ein solches providentielles Ereignis, das
der Menschheit einen neuen Umschwung gibt, das die
Farbe und Gestalt des Lebens verändert; es beginnt ein
neuer Abschnitt in der Weltgeschichte, und unsere Generation darf sich rühmen, daß sie dabeigewesen. Welche
Veränderungen müssen jetzt eintreten in unserer
Anschauungsweise und in unseren Vorstellungen. Sogar
die Elementarbegriffe von Raum und Zeit sind schwan-
kend geworden. Durch die Eisenbahnen wird der Raum
getötet, und es bleibt uns nur noch die Zeit übrig. Hätten
wir nur Geld genug, um auch letztere anständig zu töten!
In vierthalb Stunden reist man jetzt nach Orléans, in eben-
soviel Stunden nach Rouen. Was wird das erst geben,
wenn die Linien nach Belgien und Deutschland ausge-
führt und mit den dortigen Bahnen verbunden sein werden! Mir ist, als kämen die Berge und Wälder aller Länder
auf Paris angerückt. Ich rieche schon den Duft der deutschen Linden; vor meiner Türe brandet die Nordsee."[3]
Schon 1846 gab es in Meyers „Conversations-Lexicon für
die gebildeten Stände" einen 100 Seiten langen Artikel
unter dem Stichwort „Eisenbahnen". Zum Verfasserkol-
lektiv gehörten Techniker, Gelehrte, Künstler und Staats-
männer und der Verleger J. Meyer, der selber Eisenbahn-
unternehmer war:
„Baut denn immerhin, ihr Völker, und die ihr noch
nicht eingetreten seyd in den allgemeinen Wettlauf! –
Sputet euch u. zaudert nicht länger, daß auch euch ein
Theil werde an dem Tage der allgemeinen Erndte! Schon
reift's auf kleinen Strecken und, ihr seht, es ist überall

❖❖❖❖❖❖❖❖❖❖❖❖❖❖❖❖❖❖❖❖❖❖❖❖❖❖❖❖❖❖❖❖❖❖

gute Frucht. Laßt die Zweifler, die Euch die Baulust verlei-
den möchten, und die euch, da sie die materiellen Vor-
theile nicht verläugnen können, mit den Jeremiasbildern
einer gänzlichen Zerstörung alles Gemüthlebens der
Menschen als nothwendiges Resultat der Eisenbahnen
schrecken wollen, am Wege stehen und lacht sie aus! Diese
Prediger der Wüste, welche nie ermüden, von Jahr zu Jahr
der Welt das Nämliche vorzulitaneien, diese Menschen
welche in den großen Werken der Mechanik, in den nütz-
lichsten Combinationen des menschlichen Verstandes
nichts weiter zu sehen vorgeben, als die Faktoren eines
grassen Materialismus, die Verderber in dem Garten des
Lebens, die Vertilger aller Eigenthümlichkeit, alles Hei-
mathgefühls, alles Familienlebens sogar; die Erwürger
aller edlen Freuden, welche auf der tabula rasa des alten
Lebens nichts zurücklassen als jene kahle, herzlose Ein-
förmigkeit, welche nur im Wettrennen nach luxuriösem
Sinnengenuß die innere Verlassenheit zu vergessen u. die
Langeweile zu töten trachtet: diese Menschen sind in 9
Fällen unter 10 *Heuchler*, die selbst nicht an das glauben,
was ihr Dünkel als Kanon der Welt hinstellt. Die es aber
ehrlich meinen, das sind Milzsüchtige, die Bedauern,
nicht Glauben verdienen. (...)
Es gibt keine lächerlichere Phantasmagorie als die, daß
durch das Eisenbahnwesen die Prosa zur Herrschaft
gelangen und die Poesie verschwinde. O ihr Freunde der
Miethkutschen, der Knitteldämme, der Moräste, der
Hohlwege – schöpft Muth und seyd getröstet. Es wird
trotz Eisenbahnen, immer noch Miethkutschen, Eilwagen,
Knitteldämme (...) auf der Welt geben, an welchen sich
euer Gemüth erfreuen und begeistern mag. (...)

27

◆◆◆◆◆◆◆◆◆◆◆◆◆◆◆◆◆◆◆◆◆◆◆◆◆◆◆◆◆◆◆◆◆◆◆

Welcher Anblick ist imposanter und zugleich begeistern-
der, der Anblick eines Wagengauls, der eine Miethkutsche
mühselig im Koth langsam fortschleppt, oder der Anblick
einer unabsehbaren Bahn, die mitten durch die Felder
ihres Weges zieht, Gräben und Flüsse überspringt, durch
Wälder fliegt, (...) die Berggelände erklimmt, Brücken über
Abgründe schlägt, weiten Thälern das Joch auflegt und
die Ebene durch den Bauch der Berge sucht? Dazu denke
man sich die im Fluge auf metallenem Geleise daher
brausende Maschine, *das schöne Ungeheuer,* mit dem Einge-
weide voller Flammen und den Adern voll siedenden
Wassers, ungestüm und gewaltig wie der Sturm und doch
gehorchend der Hand eines Kindes. Sieht man sie von
fern, während sie von den Bäumen am Wege zwischen
den blumigen Wiesen, den bewaldeten Bergen und den
prangenden Erndtefeldern dahingleitet, so ist nichts ihrer
Eleganz, ihrer Behendigkeit, ihrer ruhigen, immer gleichen Grazie vergleichbar. Steht man ihr nahe, während ihr
Räderwerk lärmt, ihr Feuerherd knistert, das Horn ihrer
Esse zittert, ihre Hebel wie eiserne Fangen, mit Riesenge-
walt in die Getriebe greifen, sieht, wie ihre Luftklappen
auf- und zuschlagen und hört ihr Schnaufen, während der
kleine Mensch auf dem Rücken des Ungeheuers, von
Rauchwolken umhüllt und Funken umsprüht, so geruhig
des Ungeheuers Lauf bald willkürlich hemmt, bald
beschleunigt: – Wer fühlt sich da nicht erhaben als *Mensch*
durch das Schauspiel der gewaltigen Macht und der vollkommenen Sicherheit gegenüber der ungeheuersten
Kraft. Und dann ihr Lauf! Wie eine gerüstete Amazone,
wie eine Tänzerin leichten Fußes, gleitet sie einher und
doch bringt sie tausende von Reisenden und tausende

◆◆◆

von Centnern an allerlei Gütern. So ist freilich der klappernde Miethkutscher, der abgesetzte Karrengaul und der dumme Wagenlenker nicht, und darum sind diese drei Pretiosen der Vergangenheit in den Augen derer, die vor Hypochonderie den Geist unserer Zeiten nicht verdauen können, ungleich poetischer. Wenn es zur Poesie führt, nichts zu wissen, die Welt im Großen nicht zu kennen, und sich mit Ekel von den über die Erdrinde zerstreuten Schätzen der Kunst, von der Herrlichk. der Natur, v. dem Angesicht der Völker u. ihrer Städte abzuwenden, wenn sie nicht unter Mühseligkeiten und für das fünffache Geld in fünffacher Zeit zu schauen sind; wenn es zur Poesie führt, von den großen Pulsschlägen des Weltlebens nichts zu erfahren; wenn Hohlweg, prellende Wirthe und grobe Postmeister die Wege mit Genien sind, auf und mit denen die Poesie allein zur Quelle der Begeisterung gelangen kann: Dann sagen wir ihr lieber Heute Valet als Morgen – denn was sich für Poesie ausgibt, ist ja dann doch nur dummes Philistertum. – Der Dichter gehöre der Welt, und die Welt sey ihm. (...) In einem solchen Verhältnis stehen alle Dichter-Heroen zur Welt und Zeit – von Homer und Hesiod, bis auf Göthe und Schiller."

Die erste Eisenbahn und die damit real gewordene Verdoppelung der bis dahin bekannten Geschwindigkeiten rief gleichermaßen Stürme der Begeisterung wie auch Ablehnung hervor. 1838 reagierte Gustave Flaubert auf die ersten Züge: „Die schnelle Bewegung muß bei den Reisenden unfehlbar eine Gehirnkrankheit, eine besondere Art des delirium furiosum erzeugen. Wollen aber dennoch Reisende dieser gräßlichen Gefahr trotzen, so muß der

Staat wenigstens die Zuschauer schützen, denn sonst ver-
fallen diese beim Anblick des schnell dahinfahrenden
Dampfwagens genau derselben Gehirnkrankheit. Es ist
daher notwendig, die Bahnstelle auf beiden Seiten mit
einem hohen Bretterzaun einzufassen."

Eine gleichlautende Empfehlung gab übrigens auch das
Münchner Obermedizinalkollegium an den König von
Bayern. Größtes Interesse fand die Eisenbahn – wie sämtliche Einrichtungen, die das Fortbewegungstempo erhöh-
ten – im militärischen Bereich. Flaubert meinte in seinem
„Dictionnaire des idées reçues" unter dem Stichwort „chemin de fer", „daß Napoleon, hätte er schon über Eisenbahnen verfügen können, unbesiegbar gewesen wäre".

Julius Konrad von Yelin, Augenzeuge der Eröffnung der
ersten Eisenbahnlinie der Welt, auf der in England ein
Transportzug mit Hilfe einer Dampflokomotive in Bewegung gesetzt wurde, stellte die historischen Spekulationen
an: „Wie wäre wohl die Gestalt von Europa, wenn Karl der
Große bereits Dampfmaschinen und Eisenbahnen gehabt
hätte, um seinen Plänen gemäß schon damals den Han-
delszug zu leiten und zu erleichtern?"

Viele Eisenbahnlinien wurden aus militärischen Überlegungen gebaut. Die Zusammenfassung lieferte Paul Virilio, der französische Kulturkritiker, mit dem Zitat eines
geflügelten Wortes aus Mesopotamien: „Das Land besitzt,
wer schnell ist."

Mindestens so stark wie das Militär war die Wirtschaft an
der Eisenbahn interessiert. Friedrich List, der in Amerika
erfahren hatte, daß dieser Kontinent ohne Eisenbahn
nicht hätte erschlossen werden können, meinte auch für
Europa: „Es lebe der Dampf." (...) Er wird dem 19. Jahrhun-

dert das sein, was dem 15. Jahrhundert seine Erfindungen und Entdeckungen zusammengenommen gewesen sind. Er wird dem Handel und Gewerbe neuen Schwung und neue Richtungen geben, er wird die entferntesten Theile der Erde sich nahebringen ..."[4]

Und die Gegner? Goethe formulierte seine Zweifel an der Tempobeschleunigung:

„Für das größte Unheil unsrer Zeit, die nichts reif werden läßt, muß ich halten, daß man im nächsten Augenblick den vorhergehenden verspeist, den Tag im Tag vertut, und so immer aus der Hand in den Mund lebt, ohne irgend etwas vor sich zu bringen. Haben wir doch schon Blätter für sämtliche Tageszeiten, ein guter Kopf könnte wohl noch eins und das andere interpolieren. Dadurch wird alles, was ein jeder tut, treibt, dichtet, ja was er vorhat, ins Öffentliche geschleppt. Niemand darf sich freuen oder leiden, als zum Zeitvertreib der übrigen; und so springt's von Haus zu Haus, von Stadt zu Stadt, von Reich zu Reich und zuletzt von Weltteil zu Weltteil, alles veloziferisch."[5]

Der Engländer John Ruskin äußerte sich zu Eisenbahnreisen folgendermaßen:

„Mit der Eisenbahn zu fahren sehe ich überhaupt nicht mehr als ‚reisen' an; es bedeutet vielmehr, an einen bestimmten Ort ‚geschickt' zu werden, man wird zum ‚Paket'."[6]

Eine Karikatur von Honoré Daumier mit dem Titel „Abteil" von 1840 zeigt die Reisenden wie Pakete auf ihren Sitzen hängen. Im selben Jahr stand in einem französischen Wochenblatt geschrieben: „Sie [die Bahnen] kennen nur Abfahrt, Aufenthalt und Ankunft als Orte, und die liegen gewöhnlich weit voneinander entfernt. Mit den

◆◆◆◆◆◆◆◆◆◆◆◆◆◆◆◆◆◆◆◆◆◆◆◆◆◆◆◆◆◆◆◆◆◆◆◆◆◆◆

Räumen dazwischen, die sie voller Geringschätzung durchqueren und denen sie nur einen nutzlosen Anblick bieten, verbindet sie nichts."

Und Stéphane Mallarmé beschrieb 1874/75 in der von ihm redigierten Zeitschrift „La dernière mode" die Pariser, die im Winter in den Süden aufbrachen und nur blauen Himmel und das Meer vor dem geistigen Auge hatten, als ein „schweigendes, eingemummtes, fröstelndes Volk, das keinen Blick hat für die unsichtbare Landschaft der Reise. Sie träumen einzig davon, Paris zu verlassen und anzukommen, wo der Himmel klar ist."

Es hat stets Individuen gegeben, die versucht haben, sich der Tempophobie, der Linearität der Eisenbahn, der Linearität der Geschichte und des Fortschritts zu entziehen. Gustave Flaubert langweilte sich derart in der Eisenbahn, daß er nach fünf Minuten schon vor Stumpfsinn heulte. Die Großmutter des Ich-Erzählers in Prousts „Auf der Suche nach der verlorenen Zeit" weigert sich, „geraden Wegs" nach Balbec zu reisen. Der französische Schriftsteller Théophile Gautier setzte das kapriziöse „zigzag" gegen die Diktatur der geraden Linie.

Es gab Absagen an Zeit und Geschwindigkeit, ostentative Demonstrationen des Luxus, *Zeit zu haben*.

Da war der Dandy, der mit einer Schildkröte an der Leine durch Paris flanierte. Da reimte die Leipzigerin anläßlich der ersten Eisenbahn: „Ach geht mir mit der Eisenbahn! Was soll die große Eile? Wer fährt, will sich des Fahrens freun und ordentlich durchrumpelt sein, zwei Stunden auf die Meile."

In zwei Äußerungen ist der Weg des europäischen Menschen innerhalb eines Jahrhunderts umfassend beschrie-

✦✦✦✦✦✦✦✦✦✦✦✦✦✦✦✦✦✦✦✦✦✦✦✦✦✦✦✦✦✦✦✦✦

ben. Joseph von Eichendorff sagte in „Ahnung und Gegenwart": „Reisen ist dem Leben vergleichbar. Das Leben der meisten ist eine immerwährende Geschäftsreise von Buttermarkt zum Käsemarkt; das Leben des Poetischen dagegen ein freies unendliches Reisen nach dem Himmelreich."

Werner Sombart schrieb über den *Bourgeois:*

„Vor den Augen jedermanns steht das Bild dieser bis zum Wahnsinn arbeitenden Menschen, sie mögen Unternehmer oder Arbeiter sein, daß sie beständig vor Überanstrengung zusammenzubrechen drohen. Und immer sind sie in Aufregung und Hast. Tempo, Tempo! Das ist das Losungswort unserer Zeit geworden. Das bis zur Raserei gesteigerte Vorwärtsgehen und Stürmen ist ihre Eigenart."

Geschrieben 1913 im Jahr vor Ausbruch des Ersten Weltkrieges.

Die Eisenbahn veränderte Sehen und Denken der Menschen. Ein Brief von Victor Hugo, geschrieben auf einer Eisenbahnreise am 22. August 1837, macht das sehr deutlich:

„Die Blumen am Feldrain sind keine Blumen mehr, sondern Farbflecke, oder vielmehr rote und weiße Streifen; die Getreidefelder werden zu langen gelben Strichen; die Kleefelder erscheinen wie lange grüne Zöpfe ..."

Das brachte neue Dimensionen in die menschliche Wahrnehmung: Einzelheiten werden nicht mehr geachtet, das läßt manche Dichtungen oder Musikstücke, in denen Details wichtig sind, langweilig erscheinen. Um dem abzuhelfen, kam man für die Musik auf die Idee, alles schneller zu spielen. Dazu folgendes Beispiel:

Was wir heute als klassische Architektur in der Musik zu

betrachten pflegen, zum Beispiel eine Beethovensche Symphonie, wurde in ihrer Entstehungszeit gleichgesetzt mit einer pindarischen Ode; deren Charakteristika waren Erhabenheit der Gedanken und im Formalen „anscheinende Unordnung", die in der „Ausführung etwas abgebrochen und einem gemeinen Auge unmethodisch" erscheinen mochte. Es war selbst den Zeitgenossen Beethovens nicht immer leicht, dieser „anscheinenden Unordnung" zu folgen. Der Beethoven-Verehrer Amadeus Wendt beurteilt es als „Beethovens große Verirrung", daß viele seiner Werke als Phantasien aufgefaßt werden können, in denen „auch der aufmerksame Zuhörer den Grundgedanken oft ganz aus den Augen" verliert; „er findet sich in einem herrlichen Labyrinthe, wo auf allen Seiten üppiges Gebüsch und wunderseltne Blumen den Blick auf sich ziehen ..."

Wäre dem Zuhörer geholfen, wenn er statt der Blumen Striche und statt der Gebüsche grüne Zöpfe wahrnähme? Interessant und „herrlich" ist das Labyrinth nur, wenn die Einzelheiten registriert werden können, und das braucht Zeit!

Die Kritiker der Eisenbahn prophezeiten oft, daß das *prosaische* Maschinenwesen die Kunst töten werde. Zunächst trat das Gegenteil ein: Die Künstler aller Sparten nahmen sich der Technik an und stellten sie dar. Aus dem 19. Jahrhundert existieren bildnerische Darstellungen der Eisenbahn von William Turner, Claude Monet, Paul Cézanne, Honoré Daumier, Adolph von Menzel, Vincent van Gogh, um nur einige zu nennen. Die Eisenbahn hielt Einzug in die Dichtung bei Emile Zola, Paul Verlaine, Marcel Proust, Leo N. Tolstoi, Thomas Mann – das sind nur

◆◇◆◇◆◇◆◇◆◇◆◇◆◇◆◇◆◇◆◇◆◇◆◇◆◇◆◇◆◇◆◇◆◇◆◇◆

wenige Beispiele aus der Zeit bis zum Ersten Weltkrieg.
Von den 1920er Jahren an wird die Technik allgemein und
die Eisenbahn im speziellen eines der großen Themen der
Zeit, was sich in einer schier unübersehbaren Fülle von
Arbeiten dokumentiert.

Für die Musiker hatte die Eisenbahn einen großen rhyth-
mischen Reiz. Wie man in früheren Zeiten ein *Perpetuum
mobile* komponierte, so gab es bald nach der ersten Eisenbahnfahrt Komponisten, die das Dampfroß als Anregung
für ihre Arbeit nahmen. Schon 1844 schrieb Charles Valen-
tin Alkan das virtuose Klavierstück „Le Chemin de Fer", in
dem die permanente Bewegung der Lokomotive nachge-
ahmt wird. Hector Berlioz komponierte 1864 anläßlich der
Eröffnung einer französischen Eisenbahnstrecke das
Stück „Gesang der Eisenbahn" für Chor und Orchester.
Einem Zeitungsbericht aus dem Jahre 1869 kann man ent-
nehmen, daß zur Einweihung der ersten Eisenbahnlinie
in Mexiko ein Orchesterstück mit dem Titel „Die Lokomotive" aufgeführt wurde. Die Zeitung schreibt, daß besondere Instrumente verwendet wurden, um das Donnern
der Dampfmaschine, das Pfeifen der Lokomotive und
sogar das Rattern der Räder auf den Schienen wieder-
zugeben. Die Aufführung soll eine „von modernen
Giganten angestimmte Lobeshymne auf die Zivilisation
des 19. Jahrhunderts" gewesen sein.

Es ist bezeichnend für die fortschrittlichen Musiker jener
Jahrzehnte, daß sie positiv zu ihrer Gegenwart und damit
auch zur Technik standen. Sie verleugneten nicht die technischen Errungenschaften zugunsten eines Kokettierens
mit der sogenannten guten alten Zeit und einer *besseren
Welt*. Nicht nur das neue Tempo, sondern vor allem die

◆◆◆◆◆◆◆◆◆◆◆◆◆◆◆◆◆◆◆◆◆◆◆◆◆◆◆◆◆◆◆◆◆◆◆◆◆◆◆

neuen Geräusche regten sie an. Die Versuche, sie nachzu-
ahmen, waren vielfältig – sowohl auf den traditionellen
Instrumenten – wie auch durch neue, damals im Orchester unübliche Geräuscherzeuger. Der Orchesterklang
wurde auf diese Weise sehr viel reichhaltiger und zeitge-
mäßer, ein Umstand, der dieser Musik – auch der von Berlioz – von den Konservativen und von Teilen des Publi-
kums größte Ablehnung eintrug, andererseits jedoch auf
kürzestem Wege ins 20. Jahrhundert und zu den Futuri-
sten führte.

Bereits 1909 erklärte Marinetti im Futuristischen Manifest:
„Wir preisen das Getriebe in den modernen Hauptstädten;
die nächtliche Vibration der Arsenale und Baustellen ... die
Bahnhöfe ... die Hüttenwerke ... die Brücken ..."

Als Programm für die neue Musik proklamierte 1913 Luigi
Russolo, der Musiker der Futuristengruppe: „Wir werden
uns ein Vergnügen daraus machen, die Geräusche der
Metallrollos vor Ladenfenstern, von zuschlagenden
Türen, das Schlurfen und Drängen der Menge, die Mas-
senunruhe der Bahnhöfe, Stahlwerke, Fabriken, Druck-
pressen, Kraftwerke und Untergrundbahnen als unser
Orchester anzusehen." In Marinettis Manifest gibt es den
berauschten Satz: „Wir erklären, daß die Pracht der Welt
sich um eine neue Schönheit bereichert hat: die Schönheit
der Geschwindigkeit." Die Zeiten, da man „zum Augenblicke sagen möchte, verweile doch, du bist so schön", sind
vorbei. Augenblicke werden überhaupt nicht mehr wahr-
genommen – der Triumph der Zielstrebigkeit und des
linearen Zeitdenkens. Das wird innerhalb des modernen
Wirtschaftslebens und der industriellen Produktion mit
größtem Lob bedacht, wie jeder weiß.

◆◆◆◆◆◆◆◆◆◆◆◆◆◆◆◆◆◆◆◆◆◆◆◆◆◆◆◆◆◆◆◆◆

Es entsteht – nach Sloterdijk – das „planetarische Subjekt der Mobilmachung, der vor Fitneß zitternde, schmerzge-härtete, neusachliche Hochleistungstyp in seinem dezi-dierten Einsatz für das sich exaltierende, rüstende, nach vorn werfende (man sagt auch: in die Zukunft blickende) Aktionssystem (ob dieses Betrieb, Klasse, Volk, Nation, Block und Weltstaat heißt, ist gleichgültig)".[7]

Er bezeichnet den Prozeß der Beschleunigung als *Mobil-machung*. „Wer an der militärischen Konnotation des Aus-drucks Anstoß nimmt, empfindet zunächst richtig: Mobil-machung ist eine Kategorie der Kriegswelt, sie umfaßt die kritischen Prozesse, durch welche ruhende Kampfpoten-tiale zur Einsatzbereitschaft gebracht werden ... das kineti-sche Grundmuster dieses Vorgangs – als Selbstaktualisie-rung auf den Einsatz hin – ist keineswegs eine militärische Spezialität sondern das Grundprinzip sämtlicher moder-ner Selbstbewegungsunternehmungen ... Genau dies ist der unheimliche Mobilisierungsvorgang, der alles, was Kraftreserve ist, an die ‚Front' bringt und alles, was Poten-tial ist, zur Realisierung vorantreibt ... Dieser Begriff [der Mobilmachung] wird die Erinnerung an den Gewaltkern der szientifischen, militärischen und industriellen Spit-zenprozesse wachhalten – gerade zu einer Zeit, da diese in ein smartes Stadium eintreten, wo die Gewalt informato-risch, cool prozedural und analgetisch wird."[8]

Guillaume Apollinaire nannte schon im Ersten Weltkrieg unser Jahrhundert das „Jahrhundert der Geschwindig-keit". In anderem Zusammenhang sprach er von der „Reli-gion der Geschwindigkeit". Nach dem Ende des Jahrhun-derts müssen wir ergänzen: diese Frömmigkeit gegenüber dem Tempo wird – wie von den ersten Puritanern ver-

✦✦✦✦✦✦✦✦✦✦✦✦✦✦✦✦✦✦✦✦✦✦✦✦✦✦✦✦✦✦✦✦✦

sprochen – vom Himmel (oder wem sonst?) mit Reichtum
belohnt. Zusammen mit der Religion der Geschwindigkeit haben wir die Religion des Geldes.

Das wußte Friedrich Nietzsche schon 1882. In seiner
„Fröhlichen Wissenschaft" notierte er:

„Muße und Müßiggang. – Es ist eine indianerhafte, dem
Indianerblute eigentümliche Wildheit in der Art, wie die
Amerikaner nach Gold trachten: Und ihre atemlose Hast
der Arbeit – das eigentliche Laster der neuen Welt –
beginnt bereits durch Ansteckung das alte Europa wild zu
machen und eine ganz wunderliche Geistlosigkeit darüber zu breiten. Man schämt sich jetzt schon der Ruhe; das
lange Nachsinnen macht beinahe Gewissensbisse. Man
denkt mit der Uhr in der Hand, wie man zu Mittag ißt, das
Auge auf das Börsenblatt gerichtet, – man lebt wie einer,
der fortwährend etwas ‚versäumen könnte'. ‚Lieber irgend
etwas tun als nichts' – auch dieser Grundsatz ist eine
Schnur, um aller Bildung und allem höheren Geschmack
den Garaus zu machen. Und so wie sichtlich alle Formen
an dieser Hast der Arbeitenden zugrunde gehen: So geht
auch das Gefühl für die Form selber, das Ohr und Auge
für die Melodie der Bewegungen, zugrunde. Der Beweis
dafür liegt in der jetzt überall geforderten plumpen Deut-
lichkeit, in allen den Lagen, wo der Mensch einmal redlich
mit Menschen sein will, im Verkehre mit Freunden,
Frauen, Verwandten, Kindern, Lehrern, Schülern, Führern und Fürsten, – man hat keine Zeit und keine Kraft
mehr für die Zeremonie, für die Verbindlichkeit mit
Umwegen, für allen Esprit der Unterhaltung und überhaupt für alles otium. Denn das Leben auf der Jagd nach
Gewinn zwingt fortwährend dazu, seinen Geist bis zur

◆◆◆◆◆◆◆◆◆◆◆◆◆◆◆◆◆◆◆◆◆◆◆◆◆◆◆◆◆◆◆◆◆◆◆

Erschöpfung auszugeben, in beständigem Sichverstellen oder Überlisten oder Zuvorkommen: Die eigentliche Tugend ist jetzt, etwas in weniger Zeit zu tun als ein anderer. Und so gibt es nur selten Stunden der erlaubten Redlichkeit: In diesen aber ist man müde und möchte sich nicht nur – ‚gehen lassen‘, sondern lang und breit und plump sich hinstrecken. Gemäß diesem Hange schreibt man jetzt seine Briefe, deren Stil und Geist immer das eigentliche ‚Zeichen der Zeit‘ sein werden. Gibt es noch ein Vergnügen an Gesellschaft und an Künsten, so ist es ein Vergnügen, wie es müde gearbeitete Sklaven sich zurechtmachen. O über diese Genügsamkeit der ‚Freude‘ bei unseren Gebildeten und Ungebildeten! O über diese zunehmende Verdächtigung aller Freude! Die Arbeit bekommt immer mehr alles gute Gewissen auf ihre Seite: Der Hang zur Freude nennt sich bereits ‚Bedürfnis der Erholung‘ und fängt an, sich vor sich selber zu schämen. ‚Man ist es seiner Gesundheit schuldig‘ – so redet man, wenn man auf einer Landpartie ertappt wird. Ja, es könnte bald so weit kommen, daß man einem Hange zur vita contemplativa (das heißt zum Spazierengehen mit Gedanken und Freunden) nicht ohne Selbstverachtung und schlechtes Gewissen nachgäbe. – Nun! Ehedem war es umgekehrt: Die Arbeit hatte das schlechte Gewissen auf sich. Ein Mensch von guter Abkunft verbarg seine Arbeit, wenn die Not ihn zum Arbeiten zwang. Der Sklave arbeitete unter dem Druck, des Gefühls, daß er etwas Verächtliches tue – das ‚Tun‘ selber war etwas Verächtliches. ‚Die Vornehmheit und die Ehre sind allein bei otium und bellum‘: So klang die Stimme des antiken Vorurteils!"

ENTSCHLEUNIGUNG GEGEN HÖCHSTGESCHWINDIGKEIT

Leistungskurse in Langsamkeit

Keine Frage, die vor 250 Jahren in Europa angestoßene Beschleunigung des Lebens in ihrer unlösbaren Verknotung mit Arbeit und Geldverdienen hat trotz einigen Widerspruchs obsiegt. Zu Beginn unseres Jahrhunderts war das schon deutlich zu erkennen, und die folgenden Jahrzehnte sahen einen wahren Triumphzug der Technisierung und der Multiplikation des Tempos; das betraf die Fortbewegung bis zur Raumfahrt, die Nachrichtenübermittlung bis zur Lichtgeschwindigkeit, das Denken mit Hilfe von Computern, die Kriegführung bis zum „Blitzkrieg". Das alles beruhte auf der Allmacht des Geldes. Karlheinz A. Geißler schreibt:

❖❖❖❖❖❖❖❖❖❖❖❖❖❖❖❖❖❖❖❖❖❖❖❖❖❖❖❖❖❖❖❖

„Konkurrierend zu Natur und Gott, den altersschwachen Zeitgebern, traten das Geld und der Maschinentakt. Wenn es kein Geld gäbe, gäbe es auch keine Zeit – Geld als Zeitgeber."[9] Obwohl seit 1750 die Mitglieder der Gesellschaft – alle, nicht nur der Sohn von Lord Chesterfield – auf „Geschäfte" als alleinigen Lebensinhalt trainiert wurden, scheinen Mängel und Unpäßlichkeiten fühlbar geworden zu sein. Sie wurden auch ausgesprochen. Zuerst von der Jugend:

Um 1900 bildeten sich Jugendgruppen, die in Kritik am bürgerlichen Leben der Zeit versuchten, aus eigener Kraft eine ihnen wahrhaftiger erscheinende Lebensgestaltung zu finden. Auf der Basis von Freundschaft gründeten sie ihren Bund unter selbst gewählten Führern. Sie fühlten sich den Anfängen der Burschenschaft aus dem Beginn des 19. Jahrhunderts, dem Sturm und Drang und der Frühromantik wesensverwandt, dokumentierten Einfachheit und Naturverbundenheit, brachen aus Stadt- und Industrieleben aus und trafen sich zum Wandern, auf Fahrt und am Lagerfeuer. Sie strebten nach einem sozialen System mit eigener Werteordnung. Die „Jugendbewegung", wie sie bald hieß, zog weite Kreise der bürgerlichen und akademischen Jugend an. Ihre Gedanken waren sozialkritisch und nach der Erfahrung des Ersten Weltkriegs pazifistisch. Die Sondergruppen der Wandervögel und Pfadfinder schlossen sich 1927 zur Deutschen Freischar und mit weiteren Jugendverbänden zum Großdeutschen Bund zusammen. Er wurde 1933 von den Nationalsozialisten verboten.

Das Lied der Jugendbewegung beschreibt den Ausbruch aus „Stadtleben und Industriegesellschaft":

Wann wir schreiten Seit an Seit
und die alten Lieder singen,
und die Wälder widerklingen,
fühlen wir, es muß gelingen:
Mit uns zieht die neue Zeit,
mit uns zieht die neue Zeit.

Einer Woche Hammerschlag,
einer Woche Häuserquadern
zittern noch in unsern Adern,
aber keiner wagt zu hadern:
herrlich lacht der Sonnentag,
herrlich lacht der Sonnentag.

Birkengrün und Saatengrün:
Wie mit bittender Gebärde
hält die alte Mutter Erde,
daß der Mensch ihr eigen werde,
ihm die vollen Hände hin,
ihm die vollen Hände hin.

Den Text schrieb 1915 Hermann Claudius, die Musik 1916
Michael Englert. Das Lied wird bei besonderen Anlässen
der SPD gesungen. Auch die Teilnehmer der Ostermär-
sche und die Atomgegner benutzten es gern.
Sehr hellhörig waren diejenigen, die der Jugend am nächsten standen, die Pädagogen.
Die Pädagogik verstand ihre Aufgabe wie in der Antike als
„Geleiten der Kinder vom Haus zu den Bildungsstätten",
war aber immer weniger bereit, sich auf ein geschlossenes
pädagogisches System von Maßgaben mit fundamenta-

◆◆

lem Wahrheitsanspruch einzulassen. Eine neue Defini-
tion von „Mensch" und „Persönlichkeit" wurde zu Anfang
des 20. Jahrhunderts notwendig. Angesichts der durch
Industrialisierung, Verkehr und Geldwirtschaft entstan-
denen Veränderung der europäischen Gesellschaft setzten einige Pädagogen zu grundlegenden Änderungen
des Erziehungsideals an. Eine der frühesten war Maria
Montessori. Durch ihre Arbeit mit geistig behinderten
Kindern entdeckte sie, daß das Kind seine eigenen
Gesetze des geistig-leiblichen Wachstums habe, nämlich
Kräfte der Selbsterziehung, die vom Erwachsenen stärker
beachtet und entfaltet werden müssen. Sie entwickelte ihr
didaktisches „Entfaltungsmaterial", das die Selbstbeleh-
rung des Kindes ermöglichte: „Denken mit den Händen",
das Lernen durch eigene Erfahrung. Die Methode, die in
den letzten Jahrzehnten immer breitere Anerkennung
genoß, umschließt heute die Erziehung vom Säuglings-
alter bis zur Hochschulreife. Sehr wichtiges Arbeitsmate-
rial gewann Maria Montessori aus ihren Erfahrungen mit
Arbeiterkindern, für die sie 1907 das erste Kinderhaus
gründete.

Bereits zwölf Jahre später wurde die erste Waldorfschule
gegründet. Sie wird bestimmt von der Überzeugung ihres
Gründers Rudolf Steiner, daß der Mensch ganzheitlich
gesehen werden müsse. Entgegen dem Rationalismus
und der Wissenschaftsverehrung wie auch der Leugnung
von sensitiven, emotionalen und künstlerischen Erkennt-
nismöglichkeiten der etablierten Pädagogik der damaligen Zeit bieten Waldorfschulen ein Fächerangebot, das
sowohl die „Erkenntnisfähigkeiten" als auch die „Erlebnis-
kräfte" anregt und ausbildet. Dazu treten „willensschu-

◆◇◆◇◆◇◆◇◆◇◆◇◆◇◆◇◆◇◆◇◆◇◆◇◆◇◆◇◆◇◆◇◆◇◆◇

lende" Tätigkeiten wie Gartenbau, Handwerk, Malen, Eurythmie, Instrumentalunterricht, Technologie.

In diesen Jahren war offenbar schon zu erkennen, wohin die Technisierung und die Temposteigerung die Menschheit zu bringen drohte und welche Schäden sie dem einzelnen zufügt. Der Pädagoge Fritz Klatt schrieb bereits 1928 in dem Aufsatz „Pädagogik der Tages- und Jahreszeiten":

„Durch die Zerhackung dieses ewig fließenden Zeitverlaufs und seiner vielfachen triumphalen Wiederkehr im Leben eines jeden Menschen ist das geordnete Widerspiel von bewegenden und gestaltenden Kräften im Menschen entscheidend gestört. (...) Gleichmäßig stückt sich ihm eine Stunde an die andere. Würde man einen Arbeiter in der Fabrik, einen Beamten im Büro, einen Studienrat im Gymnasium fragen, weißt du, wo du mit dem heutigen Tag in deinem Jahre stehst, so wird er sehr erstaunt sein und nicht wissen wie antworten. Denn ein Tag in seinem Arbeitsleben steht zusammenhanglos neben dem anderen, sie schwingen nicht durch das Jahr, wie etwa die Arbeitstage des Landmannes. Wohl kann jeder Tag seine besondere Freude oder Plage, sein individuelles Gepräge auch heute haben, aber die Tage reihen sich auch dann nicht rhythmisch aneinander, bilden überhaupt nicht Reihe und strömen nicht durch das Leben. So daß dann der Mensch gleichsam mechanisch älter wird, und dabei eigentlich nicht weiß, wie ihm geschieht und warum ihm das geschieht, so daß er hinweg taumelt über alle Abschnitte und natürlichen Unterbrechungen seines Arbeitslebens bei dem reißenden Tempo der modernen Arbeit.

◆◇◆◇◆◇◆◇◆◇◆◇◆◇◆◇◆◇◆◇◆◇◆◇◆◇◆◇◆◇◆◇◆◇◆◇◆

Die Schnelligkeit des modernen Arbeitslebens läßt alle davon Betroffenen vor allem an der Ungegliedertheit ihrer Zeit leiden. Das müssen wir hier festhalten. ‚Ich habe keine Zeit', sagt man und besagt damit etwas ganz Furchtbares, daß man nämlich seine Lebenszeit nicht mehr gliedern und dehnen kann, wie man selbst eigentlich will. ‚Ich habe keine Zeit' ist das armselige Geständnis, daß man die feingegliederte Zeitenfolge des Jahres in seinem Leben nicht mehr mitschwingen lassen kann, daß man sich überrennen lassen muß von den Anforderungen der Arbeitswelt unter dem Druck, mehr tun zu müssen, als die Zeit eigentlich hergibt. Man hat dann in der Tat keine Zeit mehr, man stellt sich außerhalb der Zeit. (...)
Diese Versklavung seiner Zeit ist das schwerste Schicksal des großstädtischen Arbeitsmenschen geworden. Noch ist es nicht allgemein bewußt geworden, daß diese Zeitfrage, diese Versklavung der Zeit eben die gefährlichste Tatsache innerhalb unserer sozialen Mißstände ist. (...) Eine Großstadtbevölkerung der dritten und vierten Generation wird nur dann weiterarbeiten können, wenn Zeitgestaltung im Arbeitsleben wieder möglich wird. Diese ‚Zeitfrage' ist recht eigentlich die Lebensfrage der Millionen von Arbeitsmenschen der Gegenwart."[10]
Fritz Klatt hält es – schon 1928 – für unabdingbar:
„Die Arbeitsmenschen von der Umgestaltung und Mißgestalt ihrer Arbeitstage zu befreien, ist die eigentliche Erlösung, die wir alle brauchen und immer dringender gebrauchen, weil die Temporaserei von Tag zu Tag immer wilder und verantwortungsloser wird und allmählich, und das ist das gefährlichste, den Wert der sportlichen Selbstbefriedigung bekommen hat. Wodurch dann gerade

◆◆◆◆◆◆◆◆◆◆◆◆◆◆◆◆◆◆◆◆◆◆◆◆◆◆◆◆◆◆◆◆◆◆◆◆

die praktisch Begabtesten jeder Einsicht in die Wahrheit beraubt werden."[11]

Das geschah, wie man weiß, bis heute nicht, aber auch damals waren die Tempobegeisterten nicht restlos von der Richtigkeit ihres Weges überzeugt.

So sagt Franz Jung in „Die Eroberung der Maschinen" 1921:

„Und doch sah man niemanden mehr, der hinter dem allen stand. Alles drehte sich fortgesetzt um sich selbst. Die Interessen wechselten von Stunde zu Stunde. Es war nirgends ein Ziel mehr ... Die Leiter verloren den Kopf. Sie waren bis zur Neige ausgepumpt und verkalkt ... jeder Mensch im Lande begann zu merken, es klappt nicht mehr ... Einen Weg wies noch das Hinausschieben des Zusammenbruchs ..."

Der Zusammenbruch wird immer noch hinausgeschoben, wie Fritz Reheis unter dem Titel „Zeit lassen. Ein Plädoyer für eine neue Zeitpolitik" 1998 feststellt:

„Was die Eigenzeiten des Individuums bzw. das Ziel der Gesundheitsförderung betrifft, muß Zeitpolitik für die Gestaltung der Lebenswelt nach Maßgabe medizinischer und psychologischer Erkenntnisse sorgen und größtmögliches körperliches, psychisches und soziales *Wohlbefinden* des Menschen als ihre Aufgabe begreifen. Daß zum Beispiel aus zeitökologischer Perspektive unsere als Lernfabriken konstruierten Erziehungs- und Bildungseinrichtungen einer fundamentalen reformpädagogischen Revision unterzogen werden müßten, daß wir eine Pädagogik des Zeitlassens bräuchten, versteht sich fast von selbst."[12]

Ganz besonderes Aufsehen und erbitterten Protest erntete 1965 die Summerhill-Bewegung mit ihrem Bestreben, eine

„nichtautoritäre" Erziehung durchzusetzen. Sie beruft sich auf die Erziehungs- und Gesellschaftskritik des frühen 20. Jahrhunderts im Zusammenhang mit Psychoanalyse und Entwicklungspsychologie. Ihrem Begründer Alexander Neill geht es um eine „Pädagogik vom Kind aus", zum Teil unter Berufung auf die pädagogischen Ansichten von Rousseau, der sich schon 200 Jahre zuvor als eindringlicher Gegner der asketischen Arbeitsideologie profiliert hatte (vgl. S. 10). Die „nichtautoritäre" Erziehung plädiert für den Abbau von Repressionen, denen ein junger Mensch, aber auch der Erzieher, in unserer relativ autoritären Gesellschaft ausgesetzt sind. Protest wie auch Anerkennung gegenüber einer „nichtautoritären" Erziehung sind seit 1965 kaum verstummt.

Die neuesten Äußerungen zur Pädagogik kommen von Günter Grass. Er fordert „Leistungskurse für Langsamkeit" von der Grundschule an:

„Ich wäre dankbar, wenn das Erlernen der Langsamkeit sogar als nützlich zu begreifen sein könnte. Nützlich den Schülerinnen und Schülern, nützlich gewiß auch den Lehrerinnen und Lehrern. Denn meine Offerte – wenn es denn eine sein kann – setzt den lernenden Lehrer voraus. Ich weiß, es gibt ihn. Oft zwingt ihn die Not, nicht auf vormals Erlerntem hocken zu bleiben, sondern ständig dazuzulernen, etwa angesichts seiner buntgemischten Schüler einige Lektionen türkischer Geschichte oder was der Koran, im Vergleich mit anderen Religionen, an Unduldsamkeit und Toleranz zu bieten hat. Wie gut täte es, wenn Schüler muslimischen Glaubens aus Lehrers Mund erführen, wie sehr die über Jahrhunderte anhaltende maurische Herrschaft auf der Iberischen Halbinsel dem

❖❖❖❖❖❖❖❖❖❖❖❖❖❖❖❖❖❖❖❖❖❖❖❖❖❖❖❖❖❖❖❖❖

christlichen Abendland geholfen hat, aus staubtrockener Scholastik herauszufinden, wie weit arabische und jüdische Gelehrte, etwa auf dem Gebiet der Algebra und Medizin, dem mittelalterlichen Fachwissen voraus und also anstiftend für unseren verspäteten Prozeß der Renaissance gewesen sind. Ist es im Deutschunterricht nicht für alle Schüler, gleich welchen Glaubens, wunderbar zu erfahren, daß der sogenannte pikareske Roman, angefangen bei Don Quijote bis hin zu Grimmelshausens Simplicissimus und seinen späteren Schülern, zu denen ich mich zähle, auf maurisch-arabischen Erzählkünsten fußt? Und bestimmt wissen die Schüler ausländischer, etwa persischer oder nigerianischer Herkunft etwas aus eigener Kultur zu berichten, was der Lehrer nicht weiß und sich unsere eurozentrische Schulweisheit nie hat träumen lassen.

Der lernende Lehrer ist also jemand, der mit und von seinen Schülern lernt. Neugierde ist ihm eigen. Gerne verläßt er feste Standpunkte, die nur noch sich selbst meinen, um neue zu gewinnen, die er abermals verläßt, bevor sie sich verfestigen. Bis ins Alter lernt er dazu, was an Neuem verlockend oder bedrohlich aufkommt, aber auch was hinter ihm liegt und in der Schnelle der Zeit verschüttging. Um es auf die beispielhafte Person zu bringen: Der lernende Lehrer ist Hartmut von Hentig."[13]

Hartmut von Hentig gründete vor 25 Jahren die sogenannte Laborschule, ohne feste Klassenverbände, ohne strikten Stundentakt und Stundenplan, ohne Zensuren und ohne Sitzenbleiben. Der Gründer hat in vielen Reden und Schriften erklärt, welche Idee hinter diesem Schulmodell steht: Kinder und Jugendliche von fünf bis fünfzehn Jahren sollen nicht nur lernen, sondern auch ein gesellschaftliches Miteinander praktizieren, sollen Verantwortung übernehmen, sei es für jüngere Mitschüler, sei es für den Hamster im Kleintierzoo. Sie arbeiten ständig in Lerngruppen, nicht in geschlossenen Klassen, erfahren dabei nicht, ob sie „besser" oder „schlechter" sind als ihre Mitschüler, sondern ob sie ihr selbst gestecktes Ziel erreicht haben. Günter Grass bedenkt Hartmut von Hentig mit höchstem Lob:

„Ihm verdanke ich vielerlei Einsicht. Welch Vergnügen hat mir sein schlanker und den Wortmüll unserer Tage aufrührender Essay Kreativität – Hohe Erwartungen an einen schwachen Begriff durch wiederholte Lektüre gebracht. Er weist nach, in welch inflationärem Ausmaß Kreativität als Büchsenöffner für alles und nichts zu dienen hat. Kreativität, ein Wort, mit dem nach neoliberaler Gebrauchsanweisung, gepaart mit den Wörtern ‚Leistung' und ‚Eigenverantwortung', die Börsenkurse zu beleben sind.

Doch erlauben Sie mir nun ein Zitat aus Hentigs so einleuchtendem Essay: ‚Die hier beschworene Kreativität meint technisch und wissenschaftlich vorn zu sein in Gentechnik, Biotechnik, Ökotechnik, Molekulartechnik, Mikrosystemtechnik, Weltraumtechnik, Computer- und Kommunikationstechnik, kurz: in High-Tech auf allen Gebieten, auf denen Vorsprung wirtschaftliche Vorteile und Nachhinken oder gar Verschlafen wirtschaftlichen Niedergang bedeutet. Diese Kreativität sucht nicht einen Ausweg aus dem Netz der Systemzwänge – der unaufhaltsam fortschreitenden Rationalisierung der Arbeitsvorgänge, der immer weiter um sich greifenden Mediatisie-

◆◆◆◆◆◆◆◆◆◆◆◆◆◆◆◆◆◆◆◆◆◆◆◆◆◆◆◆◆◆◆◆◆◆◆

rung, der globalen Abhängigkeiten, der Dominanz der
Wirtschaft über alle Lebensbereiche, voran über die Politik –, sondern einen entschiedenen, breiten, selbstver-
ständlichen Zugang zu dem, was da läuft. Mit dem Wort
Kreativität entlockt man uns die Bereitschaft, in den main-
stream der Entwicklungen – möglichst weit vorn – einzu-
münden.' Genauer, meine ich, ist der gegenwärtigen
Kreativitätshuberei kaum beizukommen. Deshalb sei
dem lernenden Lehrer ein weiteres Buch, nein, mehr eine
Streitschrift aus der Feder Hartmut von Hentigs als erfri-
schende und die Schulstuben lüftende Lektüre empfoh-
len, die erst kürzlich unter dem Stoßseufzertitel Ach, die
Werte! erschienen ist. In diesem Buch ist zu finden, was ich
in meiner Rede nur ergänzend und notorisch eigensinnig
zu sagen habe. Gleich zu Beginn fordert er eine ‚Erziehung zur Politik'. Er warnt vor der ‚Verdrängung des Wis-
sens durch Information'. Aber gleichzeitig versucht er mit
Hinweis auf Sokrates zu belegen, ‚wie fruchtbar und heil-
sam das bewußtgemachte Nichtwissen *in den wichtigsten
Angelegenheiten* der verständigen Lebensführung und der
Regierung der Polis ist'.
Zum Schluß dieses überreichen Buches und nachdem er
die überkommenen und neuerdings geforderten Werte
von allem Brimborium befreit, sie nackt über den Steg der
postmodernen Modenschau hat laufen lassen, ist ihm aus
dem Stall der neuen Medien die jüngste heilige Kuh einen
Absatz wert, den ich mit Vergnügen zitierte: ‚Wir müssen
uns entscheiden, damit fängt alle Pädagogik an. Wollen
wir eine Homepage-Öffentlichkeit, in der jeder sich an
jeden wendet und sich in die Folgenlosigkeit einübt, in das
Nicht-verantworten-Müssen dessen, was man in die Welt

◆◆◆◆◆◆◆◆◆◆◆◆◆◆◆◆◆◆◆◆◆◆◆◆◆◆◆◆◆◆◆

gesetzt hat? Wollen wir die ständige Beschleunigung, die
fortgesetzte Entsinnlichung, die Preisgabe der Unmittel-
barkeit, multa statt multum? Wollen wir digitale Vernet-
zung mit immer mehr Unbekannten statt Verbindung
und Auseinandersetzung mit denen, die uns angehen
und die wir angehen? Wollen wir das (...) Untergehen der
Aufmerksamkeit im großen Geräusch und der ständigen
Überblendung? Wollen wir die Zunahme von Schein, die
Verdrängung der erfahrbaren Wirklichkeit durch die vir-
tuelle, des Kostbaren und Widerständigen durch das Verfügbare und Geläufige ... Mit diesen weder rhetorischen
noch ironischen Fragen sind nicht die neuen Medien
angeklagt, sondern unsere Willenlosigkeit, unser Zauber-
lehrlingsübermut, unser Opportunismus und unsere in
ihm gründende Unfähigkeit zu erziehen.' (...)
Zuletzt will ich das mir so wichtig gewordene Buch eines
im Verhältnis zu mir jüngeren Autors preisen, Sten Nadol-
nys Roman ,Die Entdeckung der Langsamkeit'. Während
der Lektüre wurde mir nach und nach deutlich, wie heil-
sam diese sich behutsam verzögernde Erzählung als
Gegengift zur allgemein vorherrschenden Beschleunigung sein könnte. Nirgendwo anders wird die Zeit so
anschaulich gedehnt. Deshalb ließe sich diesem Roman,
ohne seiner Kunstfertigkeit Gewalt antun zu müssen, eine
auch für die Schule taugliche Anweisung zur „Erlernung
der Langsamkeit" ableiten. Von Nadolny angeregt, gehe
ich sogar einen Schritt weiter und schlage vor, in allen
Schulen einen Kurs zur ,Erlernung der Langsamkeit' einzuführen. Von mir aus darf es sogar ein Leistungskurs
sein. Langsamkeit wäre eine Gangart, die der Zeit zuwider
verliefe. Die bewußte Verzögerung. Das bis zum Stillstand

◆◆◆◆◆◆◆◆◆◆◆◆◆◆◆◆◆◆◆◆◆◆◆◆◆◆◆◆◆◆◆◆◆◆◆◆◆

gebremste Tempo. Das Erlernen des Innehaltens, der Muße. Nichts wäre inmitten der gegenwärtigen Informationsflut hilfreicher als eine Hinführung der Schüler und Schülerinnen zur Besinnung ohne lärmende Nebengeräusche, ohne schnelle Bildabfolge, ohne Aktion und hinein ins Abenteuer der Stille, in der einzig Eigengeräusche erlebt werden können. Ich weiß: ein Vorschlag, den zu realisieren zwangsläufig die Zeit fehlen wird. Dennoch bitte ich darum, ihn nicht nur zu belächeln, sondern ihn spielerisch ernst zu nehmen, er hat es in sich."[14]

Das „Feuer der Wahrheit" aus dem Osten

„Als ich eines Tages – ich war Privatdozent geworden – die Anfrage erhielt, ob ich an der Kaiserlichen Tohoku-Universität Geschichte der Philosophie lehren wolle, begrüßte ich die Möglichkeit, Land und Volk der Japaner kennenzulernen, schon allein deshalb so freudig, weil sich dadurch die Aussicht eröffnete, zum Buddhismus und damit zu seiner Versenkungspraxis und Mystik in Beziehung zu treten. Denn so viel hatte ich schon davon gehört, daß es dort eine sorgsam gehütete Tradition und lebendige Pflege des Zen gibt, eine Jahrhunderte alte erprobte Kunst der Unterweisung und, als wichtigstes, Lehrer des Zen mit erstaunlicher Erfahrung in der Kunst der Seelenführung. (...)
Zen kann wie alle Mystik nur von dem verstanden werden, der selbst Mystiker ist und daher nicht in die Versuchung kommt, auf andere Weise erschleichen zu wollen, was ihm die mystische Erfahrung vorenthält.

◆◆◆

Nun führt aber der durch das Zen Gewandelte und durch
das ‚Feuer der Wahrheit‘ Geläuterte ein viel zu überzeu-
gendes Dasein, als daß es übersehen werden könnte."[15]
Eugen Herrigels „Zen in der Kunst des Bogenschießens"
ist ein Buch, das 1948 sehr viele Menschen in seinen Bann
zog, besser: in den Bann Japans, des Fernen Ostens, der
Gegenwelt zur europäischen. Das war es wohl auch, was
Herrigel auf seinen mühevollen Weg lockte:
„Kein Mystiker und somit auch kein Zenist ist mit dem
ersten Schritt schon der, der er, sich vollendend, sein kann.
Wie viel muß er überwinden und hinter sich lassen, damit
er endlich auf die Wahrheit stoße! Wie oft peinigt ihn
unterwegs das trostlose Gefühl, er strebe Unmögliches an!
Und doch ist dieses Unmögliche eines Tages möglich, ja
sogar selbstverständlich geworden. Fragt man von hier
aus, wie japanische Bogenmeister diese Auseinandersetzung des Schützen mit sich selbst sehen und schildern, so
muß ihre Antwort vollends rätselhaft klingen. Denn die
Auseinandersetzung besteht für sie darin, daß der Schütze
auf sich selbst – und wiederum nicht auf sich selbst – zielt,
daß er dabei vielleicht sich selbst – und wiederum nicht
sich selbst – trifft und somit in einem Zielender und Ziel,
Treffender und Getroffener ist. Oder, um mich einiger
Ausdrücke zu bedienen, die Bogenmeistern ans Herz
gewachsen sind: Es kommt darauf an, daß der Schütze
trotz all seinem Tun unbewegte Mitte wird. Dann stellt das
Größte und Letzte sich ein: Die Kunst wird kunstlos, das
Schießen wird zu einem Nichtschießen, zu einem Schießen ohne Bogen und Pfeil; der Lehrer wird wieder zum
Schüler, der Meister zum Anfänger, das Ende zum Beginn
und der Beginn zur Vollendung.

◆◆◆◆◆◆◆◆◆◆◆◆◆◆◆◆◆◆◆◆◆◆◆◆◆◆◆◆◆◆◆◆◆◆

Für den Ostasiaten sind diese geheimnisvollen Formeln durchsichtig und vertraut. Uns dagegen machen sie ohne Zweifel völlig ratlos."[16]

Ist es nur der Reiz des Fremden, das Parfum japonais? Peter Sloterdijk hat das Phänomen untersucht:

„Es ist unter Kennern ein offenes Geheimnis, daß seit mehr als hundert Jahren ein großer Teil der westlichen Intelligenz, wie man so sagt, ‚asiatisiert'. (...)

Für die bürgerliche Welt zwischen dem 17. und dem 19. Jahrhundert hatte das Interesse am Osten im Zeichen des Kolonialismus begonnen, der bald einen geistigen Welthandel nach sich zog. Es war die frühromantische Generation, durch die die Asienimporte erstmals auf ein theoretisches Niveau gehoben und in eine großzügige Synopse der Weltkulturen einbezogen wurden. Weltgespräch über Weltliteratur hieß das heitere Leitbild eines romantischen Ökumenismus, in dem man persische Lyrik und Upanishadenübersetzungen herumreichte als Beweisstücke für die eigentlich metaphysische Tätigkeit der Weltseele."[17]

Niemand geringerer als Georg Friedrich Hegel hielt 1816 eine Vorlesung über Taoismus, Konfuzianismus und die Philosophie des I Ching. Natürlich stammten seine Kenntnisse aus zweiter Hand, nämlich aus den Übersetzungen der Jesuiten, aber er war erstaunlich gut informiert. In seinen Vorlesungen findet sich folgende Passage:

„Die Hauptschrift von ihm (Lao Tzu) haben wir noch, und in Wien ist sie übersetzt worden; ich habe sie selbst da gesehen. Eine Hauptstelle ist besonders häufig ausgezogen: ‚Ohne Namen ist Tao das Princip des Himmels und der Erde, mit dem Namen ist es die Mutter des Universums (aller Dinge)'. (...) Das Höchste, das Letzte, das

◆◇◆◇◆◇◆◇◆◇◆◇◆◇◆◇◆◇◆◇◆◇◆◇◆◇◆◇◆◇◆◇◆◇◆

Ursprüngliche, das Erste, der Ursprung aller Dinge ist das
Nichts, das Leere, das ganz Unbestimmte (das abstrakte
Allgemeine); es wird auch Tao (...) genannt."
Hegel vergleicht den chinesischen Taoismus mit dem griechischen Denken: „Wenn die Griechen sagen, das Abso-
lute ist das Eine, – oder die Neueren, es ist das höchste
Wesen: So sind auch hier alle Bestimmungen getilgt; und
mit dem bloßen abstrakten Wesen hat man nichts, als
diese selbe Negation, nur affirmativ ausgesprochen."
Der Wert des *Tao* liegt in seiner Kraft, Gegensätze auf einer
höheren Ebene des Bewußtseins vereinen zu können.
Diese Kraft wird im Taoismus symbolisch als Licht dargestellt. Die Polaritäten in Einklang zu bringen, um ein aus-
geglichenes Leben und eine höhere Integration zu erreichen, ist das Bemühen der Psychotherapie.
Was ist das Hauptanliegen des östlichen Geistes? C.G.
Jung formuliert es folgendermaßen:
„Weil die Dinge der inneren Welt uns subjektiv um so
mächtiger beeinflussen, als sie unbewußt sind, so ist es für
den, der einen weiteren Fortschritt in seiner eigenen Kultur machen will, unerläßlich, daß er die Animawirkungen
objektiviere und dann zu erfahren versuche, welche
Inhalte jenen Wirkungen zugrundeliegen. Damit erwirbt
er sich Anpassung und Schutz gegen das Unsichtbare.
Diese Anpassung kann natürlich nicht erfolgen ohne
Konzessionen an die Bedingungen beider Welten. Aus der
Berücksichtigung der Forderungen der Welt innen und
außen, besser gesagt aus ihrem Konflikt, ergibt sich das
Mögliche und Notwendige. Leider hat unser abendländi-
scher Geist infolge seines Kulturmangels in dieser Beziehung für die Einigung der Gegensätze auf einem mittle-

ren Wege, diesem fundamentalsten Hauptstück innerer Erfahrung, noch nicht einmal einen Begriff gefunden, geschweige denn einen Namen, den man dem chinesischen Tao mit Anstand zur Seite stellen könnte."[18]

Zen auf der Basis des Tao – das christliche Europa hat Durst danach. Sloterdijk denkt über die „Chance einer asiatischen Renaissance" nach:

„Renaissancen sind Vergegenwärtigungen alter Kultur unter neuem Vorzeichen. Eine Renaissance erweist darin ihre Genialität, daß sie unter dem Schutz ihrer Begeisterung für ein maßgebliches Altertum die Kraft zum Schritt in etwas nie Dagewesenes findet. Inspiriert von einem überragenden Vorbild, kann sich gerade das vorbildlos Neue hervorarbeiten – es scheint, als seien begeisterte Wiederholungen das große Vehikel der Innovation.

Aber was es mit der jüngeren Asiomanie auf sich haben könnte, ist für die meisten Zeitgenossen ein unentsiegeltes Geheimnis – viele bringen es soweit, das Phänomen, das immerhin auffällt, für eine Mode oder für einen episodischen Exotismus zu halten. Sie machen, scheint es, auf diese Weise Gebrauch von ihrem Grundrecht, an den Hauptereignissen ihrer Zeit vorbeizuleben. Das ändert nichts an der Tatsache, daß in den asiomanischen Phänomenen der Gegenwart Dinge ausgehandelt werden, die an den Nerv des Weltprozesses – sofern wir darüber etwas wissen können – rühren. Indem sich der Westen in einen versunkenen Osten hineinträumt und eine asiatische Antike als maßgebliches Kulturmodell des gegenwärtigen Lebens heraufbeschwört, sucht er in einer fremden Vergangenheit nach Möglichkeiten einer eigenen Zukunft.

Nichts anderes geschah, scheint es, damals in der großen europäischen Renaissance, die wohl nur selten ahnte, durch welche abgrundtiefen Differenzen sie von ihren altgriechischen Leitbildern getrennt blieb. So taucht auch die heutige asiatisierende Renaissance in die altöstlichen Weisheitswelten ein, um der Spätmoderne, deren Korruption bedrohlich, wenn nicht unheilbar erscheint, Wege ins Neue, Niegewesene, Unzugängliche zu bahnen. Asien ist für viele die Chiffre, die einer Vorstellung des für uns Unvorstellbaren Obdach bietet."[19]

Gewiß, der Asienkult ist modisch und eher Kostüm als innere Verfassung. Trotzdem entwickelt Sloterdijk daraus so etwas wie eine Möglichkeit der Demobilisierung, im „Aufstieg zur Stille in der Kraft":

„Denn wenn es einen gemeinsamen Nenner für die Strömungen des altasiatischen Denkens gibt, dann diesen, daß sie in den Sinn von Sein als Sein-zur-Ruhe-in-der-Bewegung fassen. Selbst wo, wie im Yoga, mit höchsten Mobilisierungen von Kräften im Sinne einer mystischen Physiologie gearbeitet wird, liegt der Fokus des Bewußtseins immer im Aufstieg zur Stille in der Kraft. Die asiatisierenden Tendenzen im Westen sind vielleicht nur ungeschickte Tastversuche in dieser Richtung – sie drücken die Ahnung aus, daß weniger als ein ontologischer Vorzeichenwechsel nicht genügen wird, um aus den „Modernisierungsprozessen" den fatalen Schub herauszunehmen. Wer heute nach einer Sprache der Demobilisierung sucht, der findet diese am ehesten im altöstlichen Raum, wo für die Kinetik des Lebenswillens andere Dramaturgien ausgebildet wurden als in der westlichen Mobilisierungszivilisation. Und nur durch Anleihen bei solchen Sprachen,

✦✦✦✦✦✦✦✦✦✦✦✦✦✦✦✦✦✦✦✦✦✦✦✦✦✦✦✦✦✦✦✦✦✦✦✦

die uns durch ihre ärgerliche Weisheit irritieren, läßt sich, wie unbeholfen auch immer, etwas von dem andeuten, was jetzt mitten in der weltweiten Bewegung zur Bewegung gesagt werden muß. Die unausdenkbare Zumutung, die in altasiatischen ‚quietistischen' Tonarten an moderne Ohren tönt, zielt auf die kinetische Demission der mobilisierenden Systeme und Subjekte. Aber können wir uns im Ernst unsere De-Automobilisierung denken?"[20]

In „La crise de l'esprit" dagegen komprimiert noch einmal Paul Valéry das Europäische:

„Überall, wo der europäische Geist dominiert, tritt ein Maximum an Bedürfnissen in Erscheinung, ein Maximum an Arbeit, ein Maximum an Kapital, ein Maximum an Ertrag, ein Maximum an Ambition, ein Maximum an Macht, ein Maximum an Veränderung der äußeren Natur, ein Maximum an Beziehungen und Austausch. – Dieses Ensemble von Maxima macht Europa aus, oder das Bild Europas.

Andererseits hängen die Bedingungen dieser Geistesbildung mitsamt ihren erstaunlichen Ungleichheiten offenkundig zusammen mit der Qualität der Individuen – der mittleren Beschaffenheit des Homo Europaeus. Bemerkenswerterweise definiert sich der europäische Mensch weder rassisch noch durch Sprache und Brauchtum, sondern durch Wünsche und Spannweite des Willens ..."

◆◆◆◆◆◆◆◆◆◆◆◆◆◆◆◆◆◆◆◆◆◆◆◆◆◆◆◆◆◆◆◆

Die menschlichen Rhythmen
bremsen das Tempo

„Wir sind nicht für die Welt geschaffen, die wir uns
geschaffen haben", sagte schon 1993 Moore-Ede in seiner
Publikation „Die Nonstop-Gesellschaft".[21]
Unser Körper hat Rhythmen in sich, die nicht folgenlos
überspielt werden können:
„Weil wir für die physiologischen Bedürfnisse unseres
Körpers kein Verständnis mehr hatten und uns über die
Grenzen des Menschen hinwegsetzten, haben wir unter
dem Diktat der Technik und der Wirtschaft eine Welt
errichtet, die Gefahr läuft, nicht mehr für die Menschheit
geeignet zu sein."[22]
Wir wissen es: Im Fortschrittsrausch und der Illusion, sich
die Erde untertan machen zu können, trieben Europäer
und Amerikaner die Technisierung voran, über den Zweiten Weltkrieg hinweg, sogar durch ihn gefördert, bis oft
und öfter Fehler auftauchten, verursacht von den in die
Produktion eingespannten Individuen: Sie waren den
neuen Anforderungen nicht gewachsen. Sie sind Mitglieder einer Gesellschaft, in der in jeder Minute des Tages
und der Nacht alles zur Verfügung steht: Verkehr, Fernse-
hen, Nachrichtenübermittlung, Banking, Konsum. Das
alles soll nicht nur zur Verfügung stehen, es muß auch
erstellt werden, von Menschen, die, wenn auch in Arbeits-
schichten, nonstop im Einsatz sind. Der menschliche
Organismus hat aber seine Eigengesetzlichkeiten, biologische Rhythmen, die gegen kontinuierliche Leistung sind:
„Durch den 24-Stunden-Tag, der durch die Erdrotation
vorgegeben wird, sind die Menschen ständig rhyth-

◆◆◆◆◆◆◆◆◆◆◆◆◆◆◆◆◆◆◆◆◆◆◆◆◆◆◆◆◆◆◆◆◆◆

mischen Veränderungen ausgesetzt. Der menschliche
Organismus hat sich diesen regelmäßigen Änderungen
der Umwelt durch die Entwicklung innerer Rhythmen
angepaßt. Wichtige Funktionen des Menschen zeigen
einen ausgeprägten 24-Stunden-Rhythmus mit Maximal-
bzw. Minimalwerten (circadiane Rhythmen). Ein absolu-
tes Minimum der Leistungsfunktionen findet sich hierbei
nachts etwa gegen drei bis vier Uhr. Dies ist beispielsweise
der Zeitpunkt der geringsten Konzentrationsfähigkeit,
einer Befindlichkeitsverschlechterung, erhöhter Kreislauf-
labilität und verstärkter Schmerzwahrnehmung. Gleichzeitig ist in dieser Zeit das Schlafbedürfnis am stärksten
ausgeprägt."[23]

Es ist nicht nur die Tag-Nachtunterscheidung, der Wechsel
von Wachen und Schlafen, sondern außerdem folgende
regelmäßige Schwankungen im Verlauf des Tages:

„Einem frühmorgendlichen Hoch folgt ein erstes, schwach
ausgeprägtes Tief gegen 9.00 bis 10.00 Uhr. Dies dauert nur
kurz an und geht nach circa zwei Stunden in ein weiteres
Hoch über. Gegen 13.00 bis 14.00 Uhr folgt ein deutlich
stärkeres Tief. Nach einer Phase hoher Leistungsfähigkeit
tritt etwa gegen 17.00 bis 18.00 Uhr wieder ein Tief auf,
gefolgt wiederum von einem deutlichen Hoch, welches
dann in das nächtliche Tief übergeht. Diese Schwankungen wurden für die Schlafbereitschaft und Konzentrationsfähigkeit nachgewiesen. Sie betreffen noch eine Viel-
zahl anderer Funktionen. Die Schwankungen werden
nicht durch äußere Ereignisse wie zum Beispiel durch
Essenszufuhr erzeugt, können aber durch diese verstärkt
werden. Die „Tiefs" können als optimale Zeitpunkte für
Ruhepausen angesehen werden."[24]

❖❖❖❖❖❖❖❖❖❖❖❖❖❖❖❖❖❖❖❖❖❖❖❖❖❖❖❖❖❖❖

Diese biologische Tagesrhythmik betrifft nicht nur die Berufstätigen, sondern natürlich auch Schulkinder (was sich oft in den Zeugnisnoten niederschlägt!).

Seit etwa 30 Jahren beginnt man zu erkennen, welche Unfälle und damit auch wirtschaftliche Schäden aus der Nichtbeachtung der menschlichen Rhythmen entstehen.

Jürgen Zulley, seit 1994 Leiter des Schlaflabors an der Psychiatrischen Klinik der Universität Regensburg, hat sich intensiv damit befaßt:

„Obgleich die *Erkenntnisse* zu den Rhythmen der Menschen und zu den Folgen ihrer Nichtbeachtung in den vergangenen Jahren weiter zunahmen, hält der *Trend* zu kontinuierlichen Aktivitäten und zur Erhöhung des Arbeitstempos *ungebrochen* an. Deshalb ist es alles andere als verwunderlich, daß infolge der Nonstop-Arbeit bzw. des -Verkehrs ohne Pausen die schweren Unfälle weiter zunehmen. Die Mehrzahl der *schweren* Verkehrsunfälle auf Autobahnen wird durch Einschlafen am Steuer verursacht. Der Zeitpunkt dieser Unfälle zeigt eine deutliche Tagesverteilung mit Spitzenwerten in den frühen Morgenstunden sowie nachmittags gegen 14.00 Uhr. Diese Zeitpunkte entsprechen den biologischen Tiefs. Die Unfälle sind u.a. die Folge davon, daß versucht wurde, über das Tief hinweg zu funktionieren. Beinahe-Unfälle in der Luftfahrt, verursacht durch Übermüdung der Piloten im Cockpit, sind häufiger, als dies allgemein bekannt ist.

Nicht nur Unfälle und Beinahe-Unfälle im Verkehrsbereich, sondern im wesentlich größeren Ausmaß auch Fehler in verschiedenen Arbeitsbereichen sind die Folge der Nichtbeachtung menschlicher Rhythmen. Fehler in der

Steuerung größerer Industrieanlagen bis hin zu Atom-
kraftwerken (Tschernobyl) oder Tankschiffen (Exxon-Valdez), sind durch Einschlafen bedingt. Sie führten zu großen Katastrophen. Ursache war das Bestreben, über die
kritischen Zeitpunkte hinweg tätig zu sein. Aber auch
weniger spektakuläre Konsequenzen, wie Produktions-
ausfälle in der Industrie oder Fehler in den Nachtschichten im Gesundheitsdienst, müssen auf die Tatsache
zurückgeführt werden, daß der Mensch nicht kontinuier-
lich funktionieren kann.

Untersuchungen in Skandinavien belegen, daß 85% des
Kontrollpersonals einer Ölraffinerie, dem Schlaf während
der Arbeit strikt untersagt war, gelegentlich während der
Arbeit einschliefen. Die Hälfte der Arbeiter gab an, daß sie
regelmäßig während der Nachtschicht einschliefen. Eine
weitere Studie belegt, daß 20% der Arbeiter während
einer Nachtschicht schliefen, obwohl ihnen Elektroden
angelegt waren und sie wußten, daß sie beobachtet wurden. Diese Zahlen belegen, daß Übermüdung auch durch
strikte Anweisungen oder monetäre Anreize zumindest
über längere Zeit nicht kontrolliert werden kann."[25]

Besonders hoch ist die Zahl der durch Ermüdung ausge-
lösten Autounfälle:

„Wir erstellten mit unserer Forschungsgruppe im Rahmen
der HUK-Studie eine Untersuchung über das *zeitliche Auftreten* dieser Unfälle. Im Verlauf eines Jahres ereigneten
sich die meisten Unfälle in der Zeit von Mai bis Oktober
mit einem Gipfel im August. Innerhalb der Woche zeigte
sich ein deutlicher Gipfel am Samstag. Von Freitag bis
Samstag ereigneten sich fast 40% aller Unfälle. Bei der Ver-
teilung über 24 Stunden zeigte sich ein deutlicher Gipfel

◆◆◆◆◆◆◆◆◆◆◆◆◆◆◆◆◆◆◆◆◆◆◆◆◆◆◆◆◆◆◆◆◆◆◆

(in absoluten Zahlen) zwischen 5.30 und 6.30 Uhr morgens. Ein weiterer Gipfel liegt bei 14.00 Uhr (...). Insgesamt passierten in den 9,5 Nachtstunden (22.00 Uhr bis 7.30 Uhr) gleichviel Unfälle bei deutlich geringerer Verkehrsdichte wie in den 14,5 Std. am Tage. Dies ist kaum auf die Dunkelheit zurückzuführen, wie weitergehende Studien zeigen, sondern auf den übermüdeten Zustand des Fahrers.

Die Frage, inwieweit Übermüdung eine mehr als zufällige Rolle bei der Verursachung von Unfällen spielt, erübrigt sich, wenn die berechnete Häufigkeit gesehen wird. Neben den aufgeführten Autobahnunfällen wurde in den USA festgestellt, daß 52% aller Unfälle in der Energieindustrie durch ‚menschliches Versagen‘ verursacht wurden. In der Luftfahrt wird diese Ursache mit 77% angegeben. Nach Schätzungen sind bis zu 41% dieser Fehler durch Übermüdung bedingt. Genaue, im *Detail* errechnete Zahlen der direkten monetär bewertbaren Kosten der Folgen aller Formen von Ermüdung liegen nicht vor. Es können aber Aussagen zu deren *Größenordnungen* gemacht werden. Die vielen kleinen Unfälle summieren sich aufgrund der großen Zahl zu nennenswerten Kosten. Allein für die vergleichsweise häufigen LKW-Unfälle in den USA, die durch *Übermüdung* verursacht wurden, gibt es Schätzungen in der Größenordnung von *jährlich* ca. 5 Milliarden Dollar. Berechnungen ergaben, daß die Unfälle in laufenden Betrieben 1 bis 2 Milliarden Dollar pro Jahr ausmachen. Summiert man diese Kosten und rechnet sie auf die Weltbevölkerung um, so ist mit einer Größenordnung von etwa 80 Milliarden Dollar pro Jahr zu rechnen, die durch übermüdungsbedingte Unfälle entstehen.

◆◆◆◆◆◆◆◆◆◆◆◆◆◆◆◆◆◆◆◆◆◆◆◆◆◆◆◆◆◆◆◆◆◆◆

Werden neben den Unfallkosten noch die weiteren Folge-
kosten wie Produktions- und Qualitätseinbußen, Ge-
sundheitsfürsorgekosten, soziale Kosten und Sicherheits-
kosten hinzugerechnet, so ergibt sich in der Tendenz eine
Größenordnung von fast 400 Milliarden Dollar, die jedes
Jahr durch Übermüdung weltweit verursacht werden.

Die Kostenschätzungen für die Unfälle mit katastrophalen
Folgen schwanken ebenfalls in einer großen Bandbreite.
Allein für das Tankerunglück der ‚Exxon-Valdez' liegen
die Aufwendungen bei mehreren Milliarden US-Dollar.
Die Katastrophe von Tschernobyl verseuchte große Flä-
chen landwirtschaftlichen Bodens auf viele Jahre hinaus,
Produktionsausfall, Nichtnutzbarkeit der Siedlungen,
Umzüge – die monetären und psychischen Kosten der
Todesfälle und Krankheiten nicht eingerechnet – führte
zu Schätzungen von Kosten in der Höhe von etwa 300
Milliarden Dollar.

Volkswirtschaftliche Überlegungen zu den finanziellen
Folgen der untersuchten schweren Verkehrsunfälle auf
Bayerns Autobahnen kommen (hochgerechnet auf die
Bundesrepublik Deutschland) zum Ergebnis, daß der
gesamtwirtschaftliche Verlust durch Straßenverkehrsunfälle in der Bundesrepublik ca. 50 Milliarden DM pro Jahr
beträgt. Bezieht man diese Zahlen auf die Unfälle, die
durch Übermüdung verursacht wurden, so müssen je
nach Einschätzung (z.B. 10% durch Übermüdung) ca.
4 Milliarden DM in Rechnung gestellt werden.

Diese Zahlen beziehen sich ausschließlich auf Verkehrsunfälle. Werden andere Kosten hinzugerechnet, so ist
allein in Deutschland mit ca. 20 Milliarden DM Folge-
kosten pro Jahr durch Übermüdung zu rechnen."[26]

❖❖❖❖❖❖❖❖❖❖❖❖❖❖❖❖❖❖❖❖❖❖❖❖❖❖❖❖❖❖

Sobald es teuer wird, horcht die Wirtschaft auf: Im September 1994 gab es in Stockholm eine Konferenz zum Thema „Arbeitszeiten, Übermüdung und Unfälle" mit folgendem Schlußprotokoll:

„Es ist die gemeinsame Überzeugung einer internationalen Gruppe von Wissenschaftlern, die menschliche Leistungsfähigkeit, Sicherheit und Unfallverhütung im Zusammenhang mit Arbeitszeiten, Nachtschichten und unzureichendem Schlaf untersuchen, daß:

1. der Schlaf ein zentrales und lebenswichtiges biologisches Grundbedürfnis ist,
2. die Nichtbeachtung dieses Bedürfnisses durch unzureichende Schlafdauer oder durch Nachtarbeit weitreichendere Folgen haben kann, als viele wahrhaben wollen. Die schädlichen Auswirkungen von ungenügendem bzw. gestörtem Schlaf und chronischem Schlafentzug sind kumulativ und erhöhen das Risiko von Fehlern und Unfällen,
3. finanzielle und soziale Anreize zusammen mit sehr langen Arbeitswegen einen steigenden Druck zu verlängerten Arbeitseinheiten und verdichteten Arbeitsstunden bewirken. Dies kann die Probleme der leistungsbeeinträchtigenden Müdigkeit während der Arbeit weiter verschärfen,
4. Nachtschichtarbeiter weltweit bei der Arbeit und während der anschließenden Heimfahrt häufig einnicken und dann unfreiwillig einschlafen, wodurch das Unfallrisiko ansteigt,
5. Fahrten auf Fernstraßen und Stadtautobahnen eine besonders große Gefährdung für einschlafbedingte

Unfälle darstellen, insbesondere zwischen Mitternacht und 6.00 Uhr morgens sowie am frühen Nachmittag, da zwischen Mitternacht und 6.00 Uhr morgens das Risiko für Straßenverkehrsunfälle mit tödlichem Ausgang deutlich ansteigt. In mehr als der Hälfte davon sind Männer unter 30 Jahren verwickelt, selbst wenn Alkohol als Unfallursache ausgeschlossen wird. Die derzeitigen Verfahren zur Unfall-Berichterstattung führen vermutlich zu einer Unterschätzung der Häufigkeit einschlafbedingter Verkehrsunfälle,

6. die Häufigkeit leistungsbeeinträchtigender Ermüdung vermuten läßt, daß sie als Ursache von Industrie- und Verkehrsunfällen weiter verbreitet ist, als sich in den offiziellen Untersuchungen und Statistiken niederschlägt,

7. die öffentliche Sicherheit durch fehlende oder unzulängliche Arbeitszeitregelungen in vielen Ländern in Industriezweigen gefährdet ist, in denen die Arbeitsleistung der Beschäftigten sich auf die persönliche und öffentliche Sicherheit oder die Umwelt auswirken kann (z.B. Verkehr, Chemie, Kernenergie).

Basierend auf den zuvorgenannten Prinzipien und Untersuchungen, und im Interesse der öffentlichen Sicherheit, empfehlen wir, daß:

— größeres Augenmerk auf die Entwicklung von Richtlinien gelegt wird, die die Arbeitszeiten regeln und Ruhepausen eindeutig festlegen.

— die Verantwortlichkeit für die Entwicklung neuer Richtlinien der Arbeitszeitregelungen von Regierung,

Industrie, Gewerkschaft, Öffentlichkeit und der Wissenschaft gemeinsam getragen werden sollte.

– Regelungen, Praktiken und Politik auf einer fundierten Forschung aufbauen sollten.

– die Rolle der Übermüdung bei Unfalluntersuchungen systematischer bedacht werden sollte.

– ein einheitliches Set von Standardberichtskriterien eingeführt werden sollte, um das Auftreten einschlafbedingter Unfälle genau zu dokumentieren.

– öffentliche Aufklärungskampagnen durchgeführt werden sollten, um die Bedeutung des Schlafs und der circadianen Rhythmen sowie der negativen Folgen von verringertem Schlaf und die Symptome von Schlafstörungen publik zu machen.

– präventive Gegenmaßnahmen im Hinblick auf einschlafbezogene Unfälle verstärkte Aufmerksamkeit erfahren sollten."[27]

Jürgen Zulley weiß noch mehr:
„Nicht zu vergessen sind als Konsequenz der Tendenz zur pausenlosen hohen Geschwindigkeit Unfälle mit *dramatischer Umweltschädigung*. So wurden die meisten Katastrophen im Zusammenhang mit Müdigkeit (Nachtarbeit) des Personals verursacht:

• Der Unfall im Atomreaktor in Tschernobyl (Ukraine, April 1986) wurde durch Fehler des Wartungspersonals nach stundenlangem Warten am frühen Morgen verursacht.

• Das Tankerunglück der ‚Exxon Valdez' (Alaska, März 1989) geschah nach langwierigen Bunkerarbeiten,

◆◆◆◆◆◆◆◆◆◆◆◆◆◆◆◆◆◆◆◆◆◆◆◆◆◆◆◆◆◆◆◆◆◆◆

wobei die übermüdete Mannschaft das Ruder einem unerfahrenen Mann überließ, der nicht kontrolliert wurde.

- Der gefährliche Störfall des Atomreaktors ‚Three Mile Island' (Harrisburg, USA, März 1979) wurde nach amtlichen Angaben durch ‚menschliches Versagen' um 4.00 Uhr morgens ausgelöst.

- Der Absturz der Raumfähre ‚Challenger' (Start von Cap Canaveral, Florida, 1986) wurde mitverursacht durch Entscheidungen der Verantwortlichen am frühen Morgen nach weniger als zwei Stunden Schlaf.

- Die Fähre ‚Herald of Free Enterprise' kenterte im März 1987 vor der belgischen Küste. Eine Reihe von Ursachen wirkten bei diesem Unglück mit. Es bleibt aber festzuhalten, daß der für das Schließen der Bugklappe verantwortliche Bootsmann zum Zeitpunkt des Unglücks schlief.

- Das japanische Tankschiff ‚Matsukaze' lief im April 1988 um 3.15 Uhr am frühen Morgen in der Straße von Juan de Fuca vor Seattle auf Grund. Der amtliche Bericht der Küstenwache belegt, daß die Wache auf der Brücke eingeschlafen war."[28]

Die Konsequenz:
„Die Arbeitsbedingungen unserer technisierten Welt widersprechen den Veranlagungen des Menschen. Sie verursachen Unfälle und damit erhebliche Kosten. Die Tendenz ist zunehmend. Welche Konsequenzen sind daraus abzuleiten? Es gibt grundsätzlich zwei Möglichkeiten: Entweder den Menschen zu manipulieren oder die Technik den Menschen anzupassen.

◈◈◈◈◈◈◈◈◈◈◈◈◈◈◈◈◈◈◈◈◈◈◈◈◈◈◈◈◈◈◈◈◈◈◈

Will man nicht das biologische Erbe des Menschen selbst direkt manipulieren, dann bleibt als der einzige Ansatz, die Kultur und die Technik den Menschen anzupassen. Zu fordern ist dementsprechend, kontinuierliche Arbeit auf ein notwendiges Minimum zu reduzieren. Schicht- und Nachtarbeit sollten daher nicht nach ökonomischen Gesichtspunkten ausgerichtet werden, sondern nur bei nichtverzichtbaren Tätigkeiten Anwendung finden.

Die Arbeitsbedingungen sollten entsprechend dem wissenschaftlichen Standard gestaltet werden. Dies bezieht sich auf das Schichtsystem sowie auf die Bedingungen am Arbeitsplatz.

Beispielsweise beschäftigt die amerikanische Flugbehörde FAA Chronobiologen und Schlafexperten, da immer häufiger Fehler durch schlafende Piloten verursacht wurden. So zieht jetzt der ‚National Transportation Safety Board‘ Schlafforscher bei der Verhütung von Unfällen zu Rate. Das amerikanische Gesundheitsministerium versucht durch neue Schichtpläne, die zunehmende Müdigkeit des Personals zu bekämpfen.

Den Verantwortlichen müssen die Konsequenzen ihrer gefährlichen Arbeitsbedingungen deutlich vor Augen geführt werden. So legte z.B. die ‚Nuclear Regulatory Commission‘ für zwei Jahre das Kernkraftwerk Peach Bottom still, da sie wiederholt das Kontrollpersonal nachts schlafend vorfand. Diese Stillegung kostete den Betreiber monatlich 14 Millionen Dollar.

Derartige Maßnahmen können die Ursachen nicht beheben, aber sie mildern die Konsequenzen. Aus diesem Grund ist es die vordringlichste Pflicht, die Maschinen den Menschen anzupassen, indem die biologische Rhyth-

◆◆◆◆◆◆◆◆◆◆◆◆◆◆◆◆◆◆◆◆◆◆◆◆◆◆◆◆◆◆◆◆◆◆◆◆

mik in der Arbeitswelt die ihr zustehende Beachtung findet."[29]

Das alles wird nur als „schlimm" gehandelt, weil es Kosten verursacht. Was das eingeschränkte und trotzdem großartige Wesen „Mensch" betrifft und beschädigt, spielt unter dem Gesichtspunkt „time is money" keine Rolle. Schon Johann Wolfgang von Goethe schrieb 1825 an Zelter: „Reichtum und Schnelligkeit ist, was die Welt bewundert und wonach jeder strebt; Eisenbahnen, Schnellposten, Dampfschiffe und alle möglichen Fazilitäten der Kommunikation sind es, worauf die gebildete Welt ausgeht, sich zu überbieten, zu überbilden und dadurch in der Mittelmäßigkeit zu verharren."

In seinem „Faust" stellt Goethe die beiden unausweichlichen Ergebnisse aller Übereilungen dar: Irrtum und Gewalt. Nietzsche formulierte das in „Menschliches, Allzumenschliches" (1878/79!) sehr scharf:

„Aus Mangel an Ruhe läuft unsere Zivilisation in eine neue Barbarei aus. Zu keiner Zeit haben die Tätigen, das heißt die Ruhelosen, mehr gegolten. Es gehört deshalb zu den notwendigen Korrekturen, welche man am Charakter der Menschheit vornehmen muß, das beschauliche Element in großem Maße zu verstärken."

Das klingt heutzutage bei weitem rabiater:

„Die Devise Zeit-ist-Geld ist ein imperialistisches Prinzip, das die Welt zu erobern scheint und dessen Ziel und Zweck es ist, alles auszuschalten und zu vernichten, was den rationalen und ökonomischen Effizienzkriterien nicht entspricht oder gar entgegenwirkt, und alles diesen Kriterien zu unterwerfen, was sich nur irgendwie abwandeln läßt. Das bedeutet, daß komplexe Prozesse in der

❖❖❖❖❖❖❖❖❖❖❖❖❖❖❖❖❖❖❖❖❖❖❖❖❖❖❖❖❖❖❖❖❖

Umgestaltung von Lebenszeit in ökonomisch konstru-
ierte Zeit auf die eindimensionale Logik der Uhrenzeit
reduziert werden. Dies hat klare und tiefgreifende Auswirkungen auf unser Verhältnis zur natürlichen Mitwelt:
Es bewirkt eine geringe Bewertung von natürlichen
Rhythmen und Ressourcen und die Nichtbeachtung von
Vernetzungen und lokalen Bedingungen. Natürliche
Rhythmen sind ja – wie schon erwähnt – nicht in Uhrenzeit bewertbar, deshalb von der Zeit-ist-Geld-Einstellung
her gesehen wertlos. Erst wenn wir von der Geschwindig-
keits/Effizienz-Kombination ablassen und statt dessen
Geschwindigkeit und Energie koppeln, können wir
sehen, wie sehr das Zeit-ist-Geld-Denken auf Kosten
unserer natürlichen und sozialen Mitwelt geht."[30]
Paul Virilio formuliert die Situation ungeschminkt, indem
er behauptet, daß es „eine Kausalität zwischen Hyper-
geschwindigkeit und Hypergewalt" gibt, die Aggressivität
voraussetzt und zur Folge hat. Furcht und Geschwindigkeit hängen zusammen. „So ist die ständige Erhöhung
der Geschwindigkeiten nur die Wachstumskurve der
Angst."[31]
Sloterdijk spricht von dem „geschichtemachenden Ge-
misch aus Optimismus und Aggressivität", das „mit revo-
lutionärer Wirkung in den Wettlauf eingreift".[32]
„Aufrüstung, Akkumulation und Mobilmachung sind die
gemeinsamen Bewegungsmerkmale der weltbeherr-
schenden Brutalitätskerne, gleichgültig ob diese als Kapi-
tale, als Nationalstaaten, als Forschungen oder als Verkün-
digungen in Erscheinung treten."[33]
Als Musiker weiß man, daß zu schnell gespielte Musik
hochgradig Aggressivität ausstrahlt.

71

Mut zur Verzögerung der Zeit

Seit etwas mehr als 20 Jahren beginnen einzelne, Kritik an der Beschleunigung zu üben. Da wirkte es wie ein Ausrufezeichen, als im Jahr 1983 ein Romanautor die Langsamkeit entdeckte: Sten Nadolny mit seinem Buch „Die Entdeckung der Langsamkeit". Der Held seiner Geschichte ist extrem langsam:

DAS DORF

„John Franklin war schon zehn Jahre alt und noch immer so langsam, daß er keinen Ball fangen konnte. Er hielt für die anderen die Schnur. Vom tiefsten Ast des Baums reichte sie herüber bis in seine emporgestreckte Hand. Er hielt sie so gut wie der Baum, er senkte den Arm nicht vor dem Ende des Spiels. Als Schnurhalter war er geeignet wie kein anderes Kind in Silsby oder sogar in Lincolnshire. Aus dem Fenster des Rathauses sah der Schreiber herüber. Sein Blick schien anerkennend.

Vielleicht war in ganz England keiner, der eine Stunde und länger nur stehen und eine Schnur halten konnte. Er stand so ruhig wie ein Grabkreuz, ragte wie ein Denkmal. ‚Wie eine Vogelscheuche!' sagte Tom Barker.

Dem Spiel konnte John nicht folgen, also nicht Schiedsrichter sein. Er sah nicht genau, wann der Ball die Erde berührte. Er wußte nicht, ob es wirklich der Ball war, was gerade einer fing, oder ob der, bei dem er landete, ihn fing oder nur die Hände hinhielt. Er beobachtete Tom Barker. Wie ging denn das Fangen? Wenn Tom den Ball längst nicht mehr hatte, wußte John: Das Entscheidende hatte er

◆◆◆◆◆◆◆◆◆◆◆◆◆◆◆◆◆◆◆◆◆◆◆◆◆◆◆◆◆◆◆◆◆◆◆◆◆◆

wieder nicht gesehen. Fangen, das würde nie einer besser können als Tom, der sah alles in einer Sekunde und bewegte sich ganz ohne Stocken, fehlerlos."[34]

John wird ein erfolgreicher Mann, der ein Fiasko in der Arktis übersteht. Man trifft ihn in einer Konversationsgesellschaft, wo jeder gern und so lange wie möglich spricht, das erwartet man auch von John Franklin:

„Da John nicht zu Wort kommen wollte, stand er außerhalb des Spiels und konnte es mit Gelassenheit betrachten. Aber bald war es damit aus, denn Mr. Sharp hatte ihn nach dem Verlauf seiner Reise gefragt – schon zum zweiten Mal. Andere machten John darauf aufmerksam. Sofort sagte niemand mehr etwas, alle warteten auf Johns Worte. Nun mußte er in das hallende Schweigen hineinstolpern mit seinen armen, wiederholungsreichen Sätzen. Je mehr er sich schämte, desto wohlwollender blickten ihn alle an. Sie hatten natürlich von seinem Fiasko in der Arktis gehört, wollten ihn das aber nicht merken lassen und taten ganz neugierig und erstaunt. Er machte es so kurz wie möglich. Zum Glück war auch bald wieder von etwas anderem die Rede: vom Augenblick und von der Fähigkeit der Kunst, ihn einzufrieden – es ging um griechische Vasenbilder. Das interessierte John, denn er konnte sich vorstellen, was daraus werden würde: Aus mehreren gefrorenen Augenblicken ließ sich Bewegung abbilden! Das wollte er den Dichtern sagen, aber jetzt kam er nicht mehr zu Wort. Er holte tief Luft für seine guten Sätze, aber niemand achtete darauf. Auch wenn er sich den Anschein gab, als ob er vor Wissen gleich platzen würde, hatte niemand Mitleid. Daher gab er das wieder auf und sah sich nur Eleanors schöne hellbraune Augen an, und wie sich in ihrem Nacken die Haare sanft kräuselten, das genügte ihm. Auch er konnte Augenblicke festhalten, vielleicht besser als die, die darüber sprachen.

Als die letzten Gäste gegangen waren, blieb John noch etwas da. ‚Sie finden dich interessant, weil du ein Schiff führen kannst', meinte Eleanor, ‚außerdem finden alle Künstler an einem Menschen, der von Rechts wegen tot sein müßte, großes Gefallen. Allein schon eine Narbe in der Mitte der Stirn ...'"

Und dann ist seine Langsamkeit plötzlich nicht mehr wahr:

„Der Rest des Jahres 1823 brachte drei Ereignisse, mit denen niemand gerechnet hatte.

Im August heirateten John Franklin und Eleanor Porden. Im September brachte der Verleger Murray Johns Reisebericht heraus. Es war ein teures Buch, zehn Guineen das Exemplar. Schon drei Wochen später kam Murray mit dem Drucken nicht mehr nach, weil alle Welt es haben wollte. Auf einen Schlag galt John Franklin als tapferer Forscher und großer Mensch. Er hatte gar nicht erst versucht, sich zu rechtfertigen, sondern das Unglück genau geschildert, nichts weggelassen und auch seine eigenen Hilflosigkeiten zugegeben. So etwas mochten die Engländer. Sie kamen überein, daß dies Hilflosigkeiten seien, die man nur langsam mit der Menschlichkeit ablegen könnte.

Sie wollten Franklin so siegen oder untergehen sehen, wie er war. Kleinlich und kurzsichtig schien ihnen jeder Zweifel an seinem Wissen und Können. Er wurde geehrt von

◈◈◈◈◈◈◈◈◈◈◈◈◈◈◈◈◈◈◈◈◈◈◈◈◈◈◈◈◈◈◈◈◈◈

Admiralen, Wissenschaftlern und Lordschaften, und
jedermann war binnen weniger Tage schon jahrelang mit
ihm bekannt. Noch im selben Monat wurde er in die
Royal Society aufgenommen, und die Admiralität beeilte
sich, ihn endlich auch formell zum Kapitän zu ernennen.
Das dritte Ereignis: Peter Mark Roget kam zu Besuch, um
ihm zu gratulieren. Und dabei teilte er Franklin mit, er sei
gar nicht langsam. Er sei nie langsam gewesen, sondern
ein ganz normaler Mensch!
So war das. Plötzlich war er normal und zugleich der
Größte und der Beste. Jetzt fürchtete er wie Richardson,
daß der Rest des Lebens rasch an ihm vorüberziehen
würde.
Jeder Tag brachte neue Gratulationen, und was schrieben
sie nicht alles in den Zeitungen! Jeder studierte an ihm
herum, wie er wohl sei und wie er in Wirklichkeit sei.
‚Ich bin nur für lange Strecken geeignet‘, sagte er zu Eleanor. ‚Bei einem plötzlichen Durcheinander wie diesem
muß ich mir Zeit nehmen.‘ Er zog sich nach Spilsby, Lincolnshire, zurück und dachte über alles gründlich nach.
Eleanor erwartete ein Kind. Wenigstens das stand noch
nicht in der Zeitung.“

Seine Tochter Ella kennt ihn sehr genau:
„Frühmorgens ging John mit seiner Tochter unter den
Eukalyptusbäumen im Garten des Government House
spazieren. Alles schien dann so klar und einfach. Diese
Kolonie würde eines Tages ein Land werden, in dem Kin-
der aufwachsen konnten, ohne daß man ständig die Hälfte
allen Geschehens vor ihnen verborgen halten mußte.
Ohnehin erkundigte Ella sich längst nach Sträflingen und

Gefängnissen. ,Wie wird man ein Bösewicht?' fragte sie einmal. Sie war daran gewöhnt, daß Papa oft minutenlang nachdachte, bevor er etwas sagte. Das war ihr lieber als jene Erläuterungen, die das bereits Bekannte nur in anderen Worten wiederholten. ,Ein Bösewicht', sagte John, ,kennt seine richtige Geschwindigkeit nicht, er ist bei den falschen Gelegenheiten zu langsam und bei den anderen zu schnell wo es auch verkehrt ist.' Das wollte Ella genau erklärt bekommen. John sagte: ,Er tut zu langsam das, was andere von ihm wollen, zum Beispiel gehorchen oder helfen. Aber er versucht viel zu schnell das zu kriegen, was er von anderen will, zum Beispiel Geld oder ...' ,Langsam bist du doch auch!' meinte Ella.

,Ein Gouverneur darf das sein!' antwortete John, biß sich aber auf die Lippen."

Für dieses Buch gab es in den ersten Jahren nur zögernde Anerkennung. Erst in den Neunzigern wurde es – und mit ihm der Gedanke der Langsamkeit – zum Renner, genau gesagt zum Verkaufsschlager.

Nicht nur die Literatur attackierte das schnelle Tempo. Die heilige Kuh der europäischen Menschheit, die Musik, tat es ebenfalls, fast in denselben Jahren: um 1980. – Nachdem die Musikwissenschaft sich seit den 1930er Jahren bemüht hatte, aus den reichlich vorhandenen historischen Quellen zu rekonstruieren, wie klassische mitteleuropäische Musik, etwa die Werke von Johann Sebastian Bach bis Franz Liszt, zur Zeit ihrer Entstehung gespielt wurden, nachdem man genauestens die 200 Jahre alten Instrumente studiert und wieder zu behandeln gelernt und in den Schriften der Zeit besondere vergessene Auffüh-

◆◆◆◆◆◆◆◆◆◆◆◆◆◆◆◆◆◆◆◆◆◆◆◆◆◆◆◆◆◆◆◆◆◆◆

rungsgepflogenheiten wiederentdeckt hatte, blieb nur
eine Frage: Wie schnell spielte man damals? Im Banne der
heiligen „Tempo-Kuh" behauptete man selbstüberzeugt:
so schnell wie wir! Man sagte das vor 20 Jahren, und man
praktiziert es im heutigen Konzertbetrieb nach wie vor.
Einzelne Musikwissenschaftler gaben zu bedenken, daß
man im heutigen Tempo nicht alles das ausführen könne,
was nach den Forschungen zu urteilen damals üblich war.
Es war der Holländer Willem Retze Talsma, der das Problem von Grund auf behandelte. Er stieß darauf, daß wir,
angepeitscht von den Temposteigerungen im vorigen
Jahrhundert durch Eisenbahn und später Autos, zudem in
Begeisterung dafür (vgl. S. 11, 12 und 111) auch das Spieltempo in der Musik immer mehr angezogen haben, so
daß wir seit etwa 1880 die doppelte Geschwindigkeit für
selbstverständlich halten, diese spielen und verlangen.
Reduziert man das Tempo wieder auf die Hälfte, entsprechend dem historischen Original, so erwächst nach
Talsma eine „Wiedergeburt der Klassiker". So heißt sein
Buch von 1980. Es enthüllen sich andere Inhalte in der
sehr bekannten Musik, Gefühlslagen, die uns im Lauf von
zweihundert Jahren und in all der Temposteigerung verloren gegangen sind.
Unabhängig von dieser Theorie kamen in denselben Jahren einige Musiker zu einer Revision der üblichen Spiel-
tempi, zu einer Abkehr vom sportlichen Highspeed-Ideal
in der Musik. Der kanadische Pianist Glenn Gould
(1932–1982) scherte sich bei seiner Arbeit am Klavier im
Lauf der Jahre immer weniger um den international gängigen Stil des Musizierens. Seine Maxime hieß: „Man
spielt nicht mit den Fingern Klavier, sondern mit dem

Kopf." Über die geistige Auseinandersetzung mit jeder Komposition gelangte Gould zu Darstellungen, die mit dem Gewohnten nichts mehr zu tun hatten, auch die Geschwindigkeit betreffend. (vgl. S. 115)

Glenn Gould war ein beispielhafter Aussteiger. Das gilt auch für den rumänischen Dirigenten Sergiu Celibidache (1912–1996). Mit seinen Interpretationen von Sinfonien von Bruckner oder Brahms riß er die Zuhörer zu Begeisterungsstürmen hin und erntete gleichzeitig heftigste Angriffe vom Musikestablishment für seine „langsamen" Tempi. Was Celibidache zu seinen behutsamen Zeitmaßen geführt hatte, war seine Hochschätzung des komplexen musikalischen Materials, das hörbar werden soll, wie auch die Grunddisposition der Musik als Erscheinung in der Zeit. Sie braucht zu ihrer Entwicklung und Bewußtwerdung im Geist des Hörers Zeit, denn sie ist ein Werden, ein dynamischer Prozeß. Dieses Werden zwang Celibidache zu maßvollen Tempi, zu Reflexion, nicht selten zu meditativer Kontemplation. Hier drang etwas Fernöstliches in sein Musizieren ein, ein Element der Ruhe und Entspanntheit, ein gelöstes Atmen, in dem nichts und alles enthalten ist. Er sagte selbst, daß er dem Zen-Buddhismus die Einsicht verdanke, daß schon im Anfang das Ende liege, daß alles Eins sei; Musik sei nichts als die Materialisierung dieses Prinzips.

Das Musizieren nach der Erkenntnis von Willem Retze Talsma, wie auch die Ergebnisse der Aufführungen von Glenn Gould und Sergiu Celibidache lassen verschüttete Botschaften der Klassiker wieder erkennbar werden.

„Ein Abenteuer nach dem anderen steht bevor, wenn man sich daran macht, die zum Teil sehr abgespielten Stücke

◆◆◆◆◆◆◆◆◆◆◆◆◆◆◆◆◆◆◆◆◆◆◆◆◆◆◆◆◆◆◆◆◆◆◆

aufzuknacken. Das verlangt Unvoreingenommenheit, Geduld des Sich-Einhörens und – nicht zu vergessen – eine Menge Übung. Die Ernte wird eine Fülle von Neuinszenierungen klassischer Musik sein, Erstaufführungen für unsere Ohren und Gemüter.

Im reduzierten Tempo steht man eine Länge, eine Dauer durch wie einstmals einen Ritt mit Unebenheiten, Deichselbrüchen und allen möglichen damals normalen Mißgeschicken. Die Längen werden nicht mehr – durch ein zügiges Tempo – abgekürzt wie bei einer Eisenbahnfahrt oder einem Flug, es gibt keine Tranquilizer und man hängt nicht im Dämmerzustand als Paket in seinem Sessel. Wenn man sich auf die Einzelheiten einläßt, wird die Länge kurzweilig, weil viel mehr passiert. Und es gibt schließlich nicht nur Katastrophen – auch die wunderschönen Stellen sind Gott sei Dank nicht mehr so schnell vorbei!

Über den Weg der Aufführung im Originaltempo befreit man die Musik der Klassik von dem stromlinienförmigen Schick, der Schnittigkeit, die ihr heute eigen ist – man nimmt ihr die Nähe zum Industrieprodukt.

Die Ansprüche an die Zuhörer wachsen – und im gleichen Maße wächst ihr Vergnügen: Die Musik rauscht und jagt nicht mehr vorbei, der Zuhörer wird im Gegenteil gezwungen, jede Einzelheit wahrzunehmen, in jeder Lücke, bei jedem langen Ton zu bangen, bei jeder Stille aufzuatmen ... die Schrecken werden ihm nicht verheimlicht, und wenn es himmlisch wird, darf er es voll auskosten.

Die Produkte der Interpretation werden interessanter, farbiger. Die Klassiker werden als menschliche Existenzen

◆◆◆◆◆◆◆◆◆◆◆◆◆◆◆◆◆◆◆◆◆◆◆◆◆◆◆◆◆◆◆◆◆◆◆◆◆◆◆

glaubhafter. Sie sagen Dinge, die wir nicht kennen, weil sie uns verlorengegangen sind. Vieles wird uns so fremd sein wie die Realitäten des Denkens, Lebens, Reisens der Menschen vor 200 Jahren."[35]

Immer wieder sind Schätze der Vergangenheit gehoben worden und haben das sich aufgeklärt wähnende Publikum in Staunen versetzt: zum Beispiel die Erkenntnis, daß die antiken Tempel und Paläste nicht weiß, sondern bunt bemalt waren; oder vor wenigen Jahren die Reinigung der Fresken von Michelangelo in der Sixtinischen Kapelle, wobei sich vollkommen andere Farben zeigten, als man sie gewohnt war. Das verschafft nicht nur eine Revision der Ansichten über Michelangelos Kunst, sondern auch über seine Person und sogar über das Denken der damaligen Zeit. Auch für die mitteleuropäische Hochklassik in der Musik, also die Zeit um 1800, steht das ins Haus – via Entschleunigung des Interpretationstempos.

Das Musik-Establishment leistete von Anfang an erbitterten Widerstand gegen jedwede Verlangsamung des Spieltempos, vergleichbar der Autoindustrie, die Zeter und Mordio schreit, wenn nur von Ferne über ein Tempolimit diskutiert werden soll. Es wird „schnell" musiziert, Langsam-Spieler können nichts werden, verlieren die Wettbewerbe, werden nicht engagiert, keine Plattenfirma produziert Einspielungen mit ihnen. Heute wird besonders von den Repräsentanten der historischen Aufführungspraxis extrem schnell gespielt, selbst auf historischen Instrumenten. Die Veränderung der Inhalte kommt ihnen wegen der Eile nicht in die Ohren. Sie vertrauen anscheinend dem Satz: „Die Vernunft ist dabei, uns einzuholen, aber wir

◆◆◆◆◆◆◆◆◆◆◆◆◆◆◆◆◆◆◆◆◆◆◆◆◆◆◆◆◆◆◆◆◆◆◆

sind schneller." Für Musiker: Wir spielen schneller (als die Vernunft).

Nikolaus Harnoncourt, ein Spezialist für historische Musik, wenn auch ein Schnellspieler, meinte: „Neuerungen brauchen 30 Jahre, bis sie sich durchsetzen." Zwei Drittel sind vorbei!

Man kennt das Bonmot: „Stellen Sie sich vor, es ist Krieg, und keiner geht hin." Diese Verweigerung formuliert der „Verein zur Verzögerung der Zeit" als dringenden Rat im Umgang mit der Hektik:

„Jedes Vereinsmitglied sollte am Ort seiner Tätigkeit überall dort, wo es ihm sinnvoll erscheint, Zeit verzögern und sich der Solidarität des gesamten Vereins sicher sein. Er sollte zum Innehalten, Nachdenken auffordern, wo blinder Aktivismus und partikulares Interesse Scheinlösungen produziert." Der Begründer dieses Vereins ist der Philosophieprofessor Peter Heintel von der Universität Klagenfurt. In der „Zeit" gab es ein aufschlußreiches Gespräch zwischen ihm und Ulrich Schnabel:[36]

DIE ZEIT: Klagen über Zeitnot gibt es schon seit Platon und den alten Römern. Haben wir heute mehr Grund, über zuwenig Zeit zu jammern?

PETER HEINTEL: Natürlich hat man angesichts des Todes immer schon gemerkt, wie befristet das Leben ist und wie schnell die Zeit vergeht. Dennoch ist die Situation heute prinzipiell anders.

Zum ersten Mal in der Geschichte erleben wir, daß in einem dominanten System der Gesellschaft, der Ökonomie, die Beschleunigung zum Prinzip erhoben wurde – und dieses System dominiert heute viele andere Bereiche und macht sie von sich abhängig. Früher gab es das nicht. In agrarischen Gesellschaften etwa muß man sich nach dem Rhythmus der Natur richten und kann nicht beliebig beschleunigen. Und auch der Adel hat nie Tempo forciert. Doch mit dem Beginn der Neuzeit, den Entdeckungsreisen und den technischen Errungenschaften wurde in den industrialisierten Ländern eine Beschleunigung möglich, die bis heute anhält.

ZEIT: Vor acht Jahren haben Sie den Verein zur Verzögerung der Zeit gegründet. Was will er gegen die Hektik tun?

HEINTEL: Viele unserer etwa tausend Mitglieder sehen den Verein als eine Art selbsttherapeutischen Rückhalt. Schon das Gefühl, nicht alleine zu sein und das Thema mit kollektiver Unterstützung diskutieren zu können, ändert etwas. Wenn man etwa irgendwo unter zu großen Zeitdruck gerät, kann man sagen: „Mit mir geht das nicht. Ich bin Mitglied im Verein zur Verzögerung der Zeit."[37] Dann erntet man erst ungläubiges Staunen, und nach zwei Minuten, das garantiere ich, kommt man miteinander ins Gespräch.

Einige Mitglieder haben sich beispielsweise auch in der Vorweihnachtszeit mit großen Schildern in die Fußgängerzonen gestellt: „Bitte beeilen Sie sich" – viele Menschen haben das verstanden und gelacht. Wir sind ein humorvoller Verein, anders kann man sich diesem Thema auch gar nicht nähern.

ZEIT: Wird in Ihrem Verein prinzipiell Zeit verzögert?

HEINTEL: Nein, das wäre ja genauso unsinnig wie eine prinzipielle Beschleunigung. Höhere Geschwindigkeiten können auch ihre Vorteile haben. Doch man muß wissen,

◆◆◆◆◆◆◆◆◆◆◆◆◆◆◆◆◆◆◆◆◆◆◆◆◆◆◆◆◆◆◆◆◆◆

wofür Zeit nötig ist und wo man beschleunigen kann. Sonst kann das Einsparen von Zeit zu einem doppelten Zeitverlust führen.

Wenn Sie beispielsweise durch Rationalisierung in einem Unternehmen ein Klima des Mißtrauens und der Angst erzeugen, dann hindert das die Kreativität, und das kann durchaus ökonomische Wirkungen haben. Und wenn das neue Modell eines großen Autokonzerns plötzlich im Elchtest scheitert, dann liegt das möglicherweise an einem zu schnellen Planungs- und Produktionszyklus.

ZEIT: Drückt sich darin ein allgemeiner Trend aus?

HEINTEL: In den siebziger Jahren begann sich bei mir und einigen Kollegen das Gefühl breitzumachen, daß eine Art blinder Aktionismus in der Gesellschaft um sich greife. Wir kamen ja selbst aus einer Nachkriegs- und Wiederaufbaugeneration und waren sicher nicht unaktiv. Aber wir meinten plötzlich eine hektische Betriebsamkeit festzustellen, die ins Ziellose geht.

Unsere Grundthese ist, daß dieser Aktionismus etwas mit der Flucht vor den wahren Problemen und der Furcht vor einer ungewissen Zukunft zu tun hat. Blinden Aktionismus hat es in der Geschichte immer wieder gegeben – etwa wenn Gesellschaftssysteme auseinanderbrechen und traditionelle Werte nicht mehr gelten.

ZEIT: Mittlerweile gibt es ja eine ganze Flut von Büchern mit guten Ratschlägen zum Zeitmanagement und zur individuellen Zeitersparnis. Läßt sich damit das Problem lösen?

HEINTEL: Allein auf individueller Ebene läßt sich das sicher nicht lösen. Dasselbe gilt für die analytische Wissenschaft: Dort glaubt man ja, man müsse nur die rechte

◆◆◆◆◆◆◆◆◆◆◆◆◆◆◆◆◆◆◆◆◆◆◆◆◆◆◆◆◆◆◆◆◆◆◆◆◆◆

Einsicht finden und diese veröffentlichen, damit sich etwas ändert. Das ist meines Erachtens die Illusion der Aufklärung. So geht es nicht.

ZEIT: Wie könnte es dann gehen?

HEINTEL: Ein Beispiel: In einem Unternehmen muß einem erst einmal individuell auffallen, was sich verändert hat.

Dann sollte man genau beobachten, woran es hakt, wie sich das auswirkt. Und dann muß man sich mit anderen zusammentun. Es ist wichtig, Kollektivität herzustellen. Wenn Sie dazu nicht mehr die Zeit haben, dann werden Sie überhaupt keine Zeit haben. Deshalb raten wir in Unternehmen immer, sich Klausuren zu leisten und solche Dinge gemeinsam zu bedenken. Erst dann, wenn Sie *mit anderen* zur selben Einschätzung kommen, entsteht ein Potential der Veränderung.

ZEIT: Dennoch löst das nur einen Teil des Problems. Die allgemeine Beschleunigung, den unbarmherzigen Wettlauf der Unternehmen gegeneinander stoppen Sie dadurch nicht.

HEINTEL: Richtig. Man kann zwar innerhalb eines Unternehmens zeigen: Nur mit Hektik geht es nicht. Aber die zweite Ebene ist natürlich prinzipieller Natur, und da habe ich bislang kaum Erfolg, das gebe ich zu. Wer wird diese Sachlogik des Verdrängungswettbewerbs, des Unternehmensdarwinismus, verändern? Die Politik? Sicher nicht.

Ich bin der Meinung, daß diejenigen, die bisher Gewinn und auch Macht aus diesen Verhältnissen gezogen haben, auch die Verantwortung dafür tragen sollten, daß der Verdrängungswettbewerb nicht am Ende tödlich ausgeht. Der ganze Shareholder value ist ja nur eine kurzfristige

◆◆◆◆◆◆◆◆◆◆◆◆◆◆◆◆◆◆◆◆◆◆◆◆◆◆◆◆◆◆◆◆◆◆◆◆◆

Form, den Anforderungen der Aktionäre zu entsprechen.
Wenn man rationalisiert, Leute entläßt und den Produk-
tionsprozeß beschleunigt, steigen die Aktien. Wie kann
man diesen Prozeß verändern und steuern? Da bin auch
ich etwas ratlos.

Ich bin zwar seit zehn Jahren Mitglied einer Forschungsgruppe für alternative Ökonomie; wir meinen etwa, daß
der Begriff „Arbeitslosigkeit" positiv besetzt werden
müßte und daß man Arbeit und Einkommen entkoppeln
muß, also ein Basiseinkommen einrichten – aber ich sagte
ja schon, Ideen allein nützen nichts.

ZEIT: Hat die Beschäftigung mit dem Thema auch Sie
selbst persönlich verändert? Oder, anders gefragt: Wie
gehen Sie mit Zeitdruck um?

HEINTEL: (lacht) Die Frage wird mir immer gestellt. Ich
glaube, ich habe Zeitsouveränität sehr früh angestrebt. Ich
wollte mich schon als Kind nie unter Druck setzen lassen.
Deshalb habe ich mir wohl diesen Beruf ausgesucht – und
bin möglichst rasch meinen institutionellen Weg bis zur
Spitze gegangen. Ich war mit 31 Jahren Universitätsprofes-
sor, mit 33 Rektor, und mit 37 war Schluß. Damit wird man
unabhängig.

Dabei arbeite ich eigentlich sehr viel und manchmal auch
sehr rasch – aber kaum unter wirklichem Druck. Und ich
lasse mich auch nicht durch den Wissenschaftsbetrieb
bluffen, von diesem aufgeblasenen Gehabe.

ZEIT: Eine solche Karriere ging ja sicher nicht sehr ent-
spannt vonstatten.

HEINTEL: Natürlich nicht. Ich habe mir dabei auch eine
chronische Krankheit geholt.

ZEIT: Muß man diesen Preis bezahlen?

◆◆◆◆◆◆◆◆◆◆◆◆◆◆◆◆◆◆◆◆◆◆◆◆◆◆◆◆◆◆◆◆◆◆◆◆◆

HEINTEL: Ich hoffe nicht. Ich sehe das heute als eine historisch perverse, zu überwindende Form.

ZEIT: Leben Sie also im Zeit-Paradies?

HEINTEL: Na ja, auch ich bin natürlich Sachzwängen unterworfen. Aber annähernd würde ich sagen, daß es mir sehr gut geht.

Öffentlich von Entschleunigung sprechen

Das Unbehagen an der absoluten Befehlsgewalt des immer schnelleren Tempos wuchs und wurde in den letzten zehn Jahren in vielen Büchern und Aufsätzen diskutiert. Da liest man Titel wie:

„Vom Tempo der Welt" (Karlheinz A. Geißler, Freiburg 1999)

„Es muß in diesem Leben mehr als Eile geben" (Karlheinz A. Geißler, 1993)

„Die Nonstopgesellschaft und ihr Preis" (Karlheinz A. Geißler, Stuttgart 1998)

„Im Geschwindigkeitsrausch" (Klaus Backhaus, 1999)

„Zeit lassen. Ein Plädoyer für eine neue Zeitpolitik" (Fritz Reheis, 1998)

„Die Kreativität der Langsamkeit. Neuer Wohlstand durch Entschleunigung" (Fritz Reheis, Darmstadt [2]1998)

„Die Überholspur verlassen" (Wolfgang Sachs, 1999)

Eine charakteristische Terminologie hat sich entwickelt, es fallen Worte wie Triumph der Schildkröte, Zeitwohlstand, Tempodrom, Wachstums- oder Beschleunigungsfalle. Vom großen Heer der Berufstätigen wird das als elitäres

Gerede empfunden, sie fragen dagegen: Wer kann sich ein langsameres Leben leisten? Wer bezahlt das? Hier setzen die Befürworter der Entschleunigung auf die Kreativität der Langsamkeit und sagen neuen Wohlstand durch die Herabsetzung des Tempos voraus. In den genannten Schriften werden Strategien der Entschleunigung entwickelt. Die Grundlage für alles ist, daß über Zeit ebenso ökologisch nachgedacht wird wie über die Natur. Bereits 1993 wurde an der Evangelischen Akademie Tutzing ein Arbeitskreis mit dem Titel „Ökologie der Zeit" gegründet. Die treibenden Köpfe waren Martin Held und Karlheinz A. Geißler.

Ausgehend von der Diagnose, daß die heutigen Zeitprobleme in erster Linie das Ergebnis ungenügender Abstimmung verschiedener System- und Eigenzeiten sind, wird in diesem Projekt daran erinnert, daß die Menschen bei allem Streben, sich mit Hilfe der Technik von den Zeitmaßen und Rhythmen der Natur abzukoppeln, nach wie vor Naturwesen sind und dies auch bleiben. Daher gilt es bei der zeitlichen Gestaltung des Lebens, stärker als bisher, die Naturgebundenheit des Menschen und damit auch die Einbettung allen Wirtschaftens in den allgemeinen Naturzusammenhang zu berücksichtigen. Eine „Ökologie der Zeit" könnte sowohl den einzelnen als auch die Gesellschaft beim Finden der rechten Zeitmaße einen Schritt voranbringen.

Fritz Reheis charakterisiert die Wirklichkeit so:

„In Wirtschaft und Politik besteht offenbar Konsens darüber, daß im globalen Wettlauf nur der Schnellste gewinnen kann. Die Erhöhung der Geschwindigkeit gilt weithin als Gebot der Stunde."[38]

Man kann es auch mit einer Geschichte sagen:

„Jeden Morgen wacht in Afrika eine Gazelle auf. Sie weiß, sie muß schneller laufen als der schnellste Löwe, um nicht gefressen zu werden. Jeden Morgen wacht ein Löwe auf. Er weiß, er muß schneller als die langsamste Gazelle sein, oder er würde verhungern.

Es ist egal, ob man ein Löwe oder eine Gazelle ist: Wenn die Sonne aufgeht, mußt du rennen!"

„Rennen! Immer rennen! Dieses Zitat bringt die derzeitige Grundausrichtung der wirtschaftlichen Umwälzungsprozesse auf den Punkt. Es wird weltweit im Zuge des *re-engineering* genannten Rationalisierungs- und Reorganisationsschubes der Konzerne gerne verwendet (sog. ‚Speed-Management'). Es wird auch im Rahmen der Begründung dieses Prozesses in deutschen Unternehmen – beispielsweise unter dem Stichwort ‚Zeitoptimierte Prozesse' – eingesetzt."[39]

Das Tempo des Lebens und der Arbeit ist durch die Einführung und mittlerweile Alleinherrschaft von Computern erheblich gestiegen:

„In Zukunft wird die Schnelligkeit bei Veränderungen, sowohl bei der Einführung neuer Kommunikationstechniken als auch bei sonstigen technischen und organisatorischen Veränderungen, eine noch größere Rolle spielen. Hinzu kommen dringend notwendige Überlegungen über die wirtschaftlichen, sozialen und politischen Konsequenzen der Globalisierung der Märkte."[40]

Von der Seite der Entschleuniger wird gewarnt:

„An die Stelle der schrittweisen Erhöhung der Freiräume der Umwandlungsprozesse gegenüber den äußeren Zeitprogrammen tritt schließlich ihr Zusammenbruch. Wenn sich zum Beispiel ein Computerprogramm schneller ändert, als das Individuum es einüben kann, wenn sich Klimazonen schneller verschieben, als Pflanzen und Tiere nachwandern können, oder wenn durch Maschinen schneller Arbeitsplätze vernichtet werden, als die Gesellschaft neue Perspektiven für die freigesetzten Menschen entwickeln kann – dann ist der Evolutionsprozeß an diesen Stellen gescheitert."[41]

Die Stimmen aus der Wirtschaft klingen um der Wettbewerbsfähigkeit willen unerbittlich:

„Zur dauerhaften Stärkung der Wettbewerbsfähigkeit eines Unternehmens müssen sich Organisation, Technik und Menschen anpassen. Sie unterliegen alle drei einem ständigen Veränderungsprozeß. Die Veränderung wird zu einem zuverlässigen System. Menschen innerhalb und außerhalb eines Unternehmens müssen skeptisch werden, wenn sich Veränderungen deutlich verlangsamen oder ausbleiben. Treten sie erst ein, wenn Marktanteile verlorengehen und Kosten stärker steigen als die Gewinne, dann ist es oft schon zu spät, um organisatorische, technische oder personelle Änderungen durchzuführen. (...)

Der Wettbewerbsdruck führt zwangsläufig zu Lerngeschwindigkeiten, die mindestens so groß sind wie die Änderungsgeschwindigkeit der Umwelt. Im Bereich Human Resource-Management wird die andauernde Qualifizierung der Beschäftigten allerhöchste Priorität haben. Dabei kommt es entscheidend auf die Fähigkeiten der Mitarbeiter an, viel, ständig und gerne zu lernen und sich oft neuen Arbeitsbedingungen anzupassen. Für ein Unternehmen wie für jeden Mitarbeiter sind dies Voraussetzungen zum Erfolg und ein entscheidender Wettbewerbsfaktor. Der Ausleseprozeß kann nur überstanden werden, wenn alle notwendigen Anpassungen schnell vollzogen werden. Hierzu zählt auch das andauernde Lernen aller Mitarbeiter sowie deren Mobilität."[42]

Die Frage von der Gegenseite lautet:

„Wie und wo soll noch beschleunigt werden, wenn wir beim Transport unserer wichtigsten Güter, der Informationen, bei der Lichtgeschwindigkeit angekommen sind?"

Immer „muß die Eigenzeit, die die Bürger zur Verarbeitung von Informationen benötigen, genauso zum Maßstab gemacht werden wie die Eigenzeit des Kommunikationsprozesses zwischen ihnen."[43] Man scheint im Wirtschaftsleben nicht zu wissen, daß die Technik von Superlearning wie auch die neuen Erkenntnisse der Gehirnforschung gefunden haben, daß das menschliche Gehirn am ergiebigsten arbeitet, wenn es auf der langsamsten Frequenz laufen darf. Das sind nur drei Schwingungen in der Sekunde. Hier liegt ein medizinisch-naturwissenschaftlicher Beweis für die Kreativität der Langsamkeit vor (vgl. auch S. 116 f.)

Es ist gar nicht einmal der Tempodruck, der die Arbeitnehmer krank macht: „Was die Arbeit heute so schwer erträglich macht, ist gewiß nicht mehr – wie einst – die schwere physische Belastung; nein, was uns trotz ihrer äußerlich so viel milderen Formen die Arbeit so unversöhnlich macht, ist ihre Borniertheit und Engführung, ist die systematische Trennung von Arbeit und Vergnügen. Eine Liebesheirat war es nicht, die der moderne Mensch mit seiner Arbeit einging, eher schon eine schnöd-berechnende Vernunftliaison. Und die Ehe, die sie heute führen,

◆◆◆◆◆◆◆◆◆◆◆◆◆◆◆◆◆◆◆◆◆◆◆◆◆◆◆◆◆◆◆◆◆◆◆◆◆◆◆

ist trotz der ungeahnt hohen Mitgift nie glücklich geworden."[44]

Nur 28 Prozent der Erwerbstätigen finden Spaß und Erfüllung in der Arbeit, fast drei Viertel (72 Prozent) hingegen müssen sich auf die Zeit *nach* der Arbeit vertrösten.

„Die Wahrheit ist wohl: Wir haben die Arbeit allzu hart vom ‚Vergnügen' oder allgemeiner: von allem, was nicht unmittelbar zu ihr gehört, getrennt. Wir haben ihr mit dem Seziermesser des rationalen Effektkalküls alles amputiert, was die alten, quasiarchaischen Tätigkeiten in der Jagd, in der Landwirtschaft, bei der Traubenlese, im Wald, trotz ihrer gewiß nicht romantisch zu verklärenden Härte, affektiv um so vieles reicher erscheinen ließ. Der Prozeß der Rationalisierung hat das große Heer der arbeitenden Menschen an den Rand der Produktion abgedrängt, auf die von der Maschine übriggelassene Restarbeit beschränkt – einen kargen, armseligen, immer dürftiger werdenden Rest an den Nahtstellen einer heute überwiegend computergestützten Fertigung. Der beinahe totale Bedeutungsverlust des Menschen in und während vieler Arbeiten und die ‚Bornierung' seiner kommunikativen Bedürfnisse auf den – makabrerweise so geheißenen – ‚Dialog mit der Maschine' sprechen eine eindeutige Sprache.

So viel können wir mit Sicherheit sagen: Heute ist der *Lebenshimmel* geteilt, Arbeit und Freizeit existieren an zwei streng getrennten Sphären. Fast ausschließlich *negativ* ist die Freizeit auf die Arbeit bezogen. Weil sich aus der Arbeit nur so wenig Funken der Begeisterung schlagen lassen, richten sich alle Erwartungen auf Konsum- und Freizeitgenuß."[45]

◆◆◆◆◆◆◆◆◆◆◆◆◆◆◆◆◆◆◆◆◆◆◆◆◆◆◆◆◆◆◆◆◆◆◆◆◆◆◆

Wieviel arbeiten wir denn? Natürlich nicht mehr 14 oder
16 Stunden wie noch vor 100 Jahren.

Ein Menschenleben mit einer statistischen Erwartung von
75 Jahren umfaßt knapp 650 000 Stunden, von denen
gegenwärtig, mit deutlich abnehmender Tendenz, noch
circa 55 000 Stunden gearbeitet werden – das sind bereits
deutlich weniger als neun Prozent der gesamten Lebenszeit! Und
auch dieser Anteil wird schrumpfen. Die durchschnitt-
liche Erwerbsstundenzahl könnte auf weniger als 35 000
Stunden pro Arbeitsleben sinken, also gerade noch etwas
mehr als *fünf Prozent* der gesamten Lebenszeit betragen!

Wer nur noch fünf Prozent der gesamten Lebenszeit
arbeitet – für den dehnt sich das Leben gewissermaßen zu
einem nicht enden wollenden Wochenende. Ein Erwerbs-
tätiger schläft heute schon, auf die Jahresarbeitszeit bezogen, doppelt so lang, wie er arbeitet. Von den insgesamt
8760 Stunden des Jahres wendet er für die Arbeit noch
knapp 1500 Stunden auf, für das Schlafen knapp 3000!

Wie oft kommt das vor, was Viola Roggenkamp am
12. August 1999 in der „Zeit" veröffentlichte?[46]

FAUL SEIN BIS ZUM UMFALLEN
*Von der Anstrengung, so zu tun, als täte man was –
das Bekenntnis einer Beamtin.*

Dies ist die Begegnung mit Elisabeth Schlepplauer, einer
Frau aus dem bayerischen Käufelkofen, bei Landshut. Seit
fast zwanzig Jahren tut Elisabeth Schlepplauer Dienst in
der Behörde einer süddeutschen Grenzstadt. Sie ist Beamtin. Ihr Name und ihre Herkunft wurden ein wenig verän-

◆◆◆◆◆◆◆◆◆◆◆◆◆◆◆◆◆◆◆◆◆◆◆◆◆◆◆◆◆◆◆◆◆◆◆◆◆◆

dert, um die 41-jährige Frau vor Sanktionen seitens ihres Arbeitgebers und ihrer Kolleginnen und Kollegen zu schützen, denn im Folgenden wird Elisabeth Schlepplauer sich zum verbreiteten Phänomen der Faulheit am Arbeitsplatz äußern. Einer Art Flucht nach innen, der depressive Symptome anhaften können und derentwegen Menschen sich schlecht fühlen, ja, geradezu kriminell. Sie haben Schuldgefühle und tun es dennoch: nämlich nichts.

Ich sprach sie an. Wir verabredeten uns für die Mittagspause. Punkt 12.30 Uhr betrat Elisabeth Schlepplauer die Pizzeria, setzte sich und begann gleich zu erzählen.

In ihrer Abteilung im Sozialamt sei „momentan eine junge Frau geparkt", eine neue Kollegin vielleicht. Die habe die Prüfung zur Beamtenlaufbahn gemacht, aber es sei noch nicht klar, ob sie bestanden habe und ob sie überhaupt gebraucht werde. „So welche, die werden an freie Schreibtische gesetzt, bis dass man Verwendung für sie findet." Die Neue komme aus Zwickau. „Eine ganz Nette." Die sei völlig fremd im Westen. Sie stehe ihr etwas bei. „Da habe ich ein bissl eine Aufgabe."

Ob sie denn sonst nichts zu tun hätte? „Oh, doch, genügend mit den Sozialhilfeempfängern und den Aussiedlern und den Asylanten." Es sei aber so langweilig im Amt und die Kollegen so ein langweiliger Haufen, wenn alles so eingespielt sei nach so vielen Jahren. Arbeiten müsste sie sogar für zwei, denn ihr Nachbar am Schreibtisch gegenüber, der tät gar nichts mehr, der habe ein Alkoholproblem und würde inzwischen stinken wie ein Obdachloser. Demgegenüber halte sie sich sehr zurück. „Der Chef kriegt alles mit, aber tun tut er nix."

◆◆◆◆◆◆◆◆◆◆◆◆◆◆◆◆◆◆◆◆◆◆◆◆◆◆◆◆◆◆◆◆◆◆◆◆◆

Jeden Morgen fange sie an um halb acht. Aber nicht mit
der Arbeit. Sie gehe da hin, um halb acht. Zuallererst
schalte sie ihren Computer ein. Da stehe „Herzlich will-
kommen". Sie sehe „im Mailboxerl nach", ob etwas einge-
gangen sei, vielleicht etwas Persönliches. Sie habe drei verschiedene Programme, und während die anliefen, sehe sie
die Post durch, die normale Post, Dienstanweisungen,
Wiedervorlagen. Frühzeitig reingehen ins Amt, das werde
schon gern gesehen, „und wenn's dann klingelt, das Tele-
fon, dass ich da dann rangehe". Aber das entscheide sie
nach Lust. Allmählich fülle sich „der Wartesaal vor den
Amtsstuben". Drinnen würden die Schaltanlagen ange-
macht. Draußen leuchte die Schrift auf „Bitte eintreten!"
Elisabeth Schlepplauers Kollegen kommen für gewöhnlich nach halb neun, da habe sie schon die ersten zwei
Klienten gemacht. „Wir gleiten alle, aber eine gewisse
Kernzeit muss eingehalten werden." Sie hätten Arbeits-
zeitkarten. „Jeder trägt seine Zeiten für sich ein. Wenn er
denn einträgt." Kontrolliert werde nicht. Sie seien ja
erwachsen. Als erstes erzähle man sich morgens „die
Sachen, was am Abend war", und bevor man nachmittags
gehe, sage man, was man abends machen werde.
„In der Früh tauscht man sich dann gleich wieder aus." Da
plane einer seinen Urlaub, und ein anderer baue sein
Haus oder wolle eine neue Küche oder ein Auto kaufen.
Dann gebe es Kuchen oder einen Sekt in der Früh. Wie
der Sekt da hinkomme? „Indem ich ihn mitbringe."
Geburtstage, Kindstaufe, Jubiläum, Namenstag oder
Hochzeit und Scheidung, stets müsse man was ausgeben,
„da gibt es gleich ein Päuschen, da geht nix weiter". Und je
nachdem, wie viel Druck draußen sei, wiewohl die

◆◇◆◇◆◇◆◇◆◇◆◇◆◇◆◇◆◇◆◇◆◇◆◇◆◇◆◇◆◇◆◇◆◇◆◇◆

Leuchtschrift „Bitte, warten!" eingeschaltet wäre, kämen die Leute einfach herein und sagten in so einem gewissen Ton, ob denn heute nicht gearbeitet werde. „Ja, also! Das wäre wohl so ein Angriff, so ein persönlicher!" Dann werde geschrien. „Erst die Leute, dann wir." Denen werde gezeigt, was alles zu tun sei, die Aktenberge. „Unsere Akten liegen auf so Aktenhunden. Warum man die so nennt, diese Wägelchen, das hab ich immer noch nicht rausgekriegt, nach zwanzig Jahren noch nicht. Da fehlt mir einfach die Zeit dazu." Es gebe auch Angelegenheiten, wo sie früh konzentriert ranmüsse, da habe sie für zwischenmenschliche Kontakte keine Ruhe. Gerade jetzt mit der Neuen aus Zwickau habe sie genug zu tun. Die Neuen sowieso, die löcherten einen. „Die haben noch mehr Langeweile wie unsereins."

Sie schreibe gern im Computer private Briefe, im Internet. Das Internet mache ihr sehr viel Freude. Ob das nicht etwas koste? Gebühren? „Nein, mich nicht." Sie betätige eine Umschalttaste und sei in einem anderen ihrer drei Programme. Nach außen sehe es aus, als sei sie beispielsweise mit einer „KÜ" beschäftigt, einer sogenannten Kostenüberrnahme. Im Amt habe alles eine Abkürzung. Sie habe dabei ein nervöses Kribbeln im Bauch. Es könnte ihr jemand über die Schulter sehen. Nichts koste sie so viel Kraft, „wie wenn ich so tun muß, als täte ich was, obschon ich ganz was anderes tu".

Vielleicht noch die Langeweile im Büro während der Dienstzeit, die sei noch anstrengender. Die komme, wenn der Reiz fehlt, etwas zu schaffen. Sie säße da, am Schreibtisch, wie gefangen, und könne nichts mehr tun, nicht einmal im Internet fremdgehen. Eine Art Faulheit vielleicht,

◆◆◆◆◆◆◆◆◆◆◆◆◆◆◆◆◆◆◆◆◆◆◆◆◆◆◆◆◆◆◆◆◆

die wie Fäulnis langsam in den Gliedern aufsteige, von den Füßen an über die Knie, die Ellenbogen, zu den Schultern bis hinauf in die Augenlider und ins Gehirn. Lähmend. „Ich krieg dann kaum meine eigenen Bedürfnisse mit, außer Hunger und zur Toilette."

Was dagegen helfen würde, wäre, gehen zu können. Nach Hause, den Garten umgraben. Die Dichterin Christa Reinig habe gesagt, „Müßiggang ist aller Liebe Anfang". Statt dessen müsse sie im Amt bleiben und fühle, wie sie das Lebenszeit koste, das Warten auf den Feierabend, von dem sie nichts mehr habe, so gelähmt wie sie dann sei. Es sei wie ein in den Adern versickerndes Dahinscheiden, eine Art Ableben der Bürozeit in der Schicksalsgemeinschaft der Kollegen. Vielleicht wäre es gut, ein Mittagsschläfchen zu machen. Zwanzig Minuten. Schlafexperten würden das empfehlen, um mit frischen Kräften den Nachmittag zu beginnen. Es gebe einen Sanitätsraum mit einer Liege. Da würden sich nicht mal die Schwangeren hinlegen, „so furchtbar ist der, da sitzt höchstens der Pförtner und isst Döner". Offiziell Pause wären dreißig Minuten, was zu wenig sei.

„Publikumsverkehr ist täglich bis halb eins. Bis zwei Uhr können wir dann eigentlich machen, was wir wollen." Die meisten säßen in der Woche achtunddreißigkommafünf oder vierzig Stunden am Schreibtisch. Eine längere Pause müsse sein, vielleicht eine Siesta wie im Süden, zwei, drei Stunden. „So kriegen die Kollegen die Konzentration gar nicht her."

Da sei jetzt eine Klientin gewesen, eine junge Mutter, die auf Entziehung war mit ihrer Tochter. Die Frau sei Alkoholikerin, habe ihr Kind mitnehmen müssen. „Jetzt war

◆◆◆

sie zurück und hat gleich wieder geschluckt." Sie sei halt ins alte Elend zurückgekehrt. „Sofort ist das Anlaß unter den Kollegen, von sich selber was loszuwerden, und dann gibt sich eins das andere, und eine halbe Stunde ist weg." Die Arbeit, die dabei liegen bleibe, mache sich nicht von allein. Sie spreche es nicht an. Der sogenannte Betriebsfrieden wäre zerstört.

Unter den Kolleginnen und Kollegen gebe es zwei Gruppen. „Die einen sitzen nur, die anderen holen die Vesper." Die sich bedienen ließen, die sprächen meist auch nicht viel, manche gar nichts. Die beobachteten die anderen aus dem Sitzen heraus. „Dabei essen und trinken sie und bleiben leer, innerlich." Manche ließen sich stundenlang berieseln vom Geschwätz, ohne selbst ein Wort zu sagen. Man wisse nichts von denen, „nach zwanzig Jahren nichts". Die meisten Kollegen setzten sich mit rein gar nichts auseinander. Sie habe neulich gesagt, „wenn wir in einem fremden Land wären und wollten auf Asyl, täten wir auch die Pässe fälschen". Man habe ihr geantwortet: „Wir? Wir sind ja ganz anders." Mit denen sei nicht zu reden und schon gar nichts von wegen der Verantwortung aus der Vergangenheit. „Es kommen halt auch viele Sinti und Roma, für jedes Stückerl Papier und jeden Termin gleich mit der ganzen Familie."

Elisabeth Schlepplauer gehört in ihrer Abteilung zu den Ältesten. Von denen sei sie „erst recht abgewandert, da ging es nur um Klamotteneinkauf und Rezepte". Mit denen wäre nicht einmal über Amerika und Südafrika zu reden gewesen. Da hätte sie montags als Erstes die *Gala* lesen müssen, um überhaupt einen kollegialen Anknüpfungspunkt zu haben.

◆◆◆◆◆◆◆◆◆◆◆◆◆◆◆◆◆◆◆◆◆◆◆◆◆◆◆◆◆◆◆◆◆◆◆◆

Unlängst war sie zur Fortbildung. Neue Rechtschreibung. Das machte ein pensionierter Lehrer, sehr lustig war der. Der hatte richtig Freude an seiner Arbeit. Da kamen Kolleginnen und Kollegen zusammen aus den verschiedensten Dienststellen, Bauverwaltung, Justizbehörde, Personalamt, Pressestelle des Bürgermeisters. „Was Feineres als Sozialamt." Solche Kollegen sehe sie sonst nicht, „diese typischen weiblichen Angestellten und die Männer mit den schönen Hosen". Da steckten die drin wie im Panzer, keine Eleganz, dass man sagen könnte, „na, das ist ein Gehobener, ein ganz ein Feiner". Sie sei genervt gewesen. Neue Rechtschreibung gab es von morgens halb zehn Uhr bis mittags. Auf freiwilliger Basis. „Da hab ich mich angemeldet. Die anderen haben gesagt, sie lernen nichts mehr." Von ihrem Amt war Elisabeth Schlepplauer die Einzige. Man saß in der Verwaltungsschule wie in einem Klassenzimmer. Sie ganz hinten, wie früher in der Schule, „und entweder hab ich was mitgekriegt oder nicht". Aber schön sei es gewesen, nicht ins Amt zu müssen, und sie hätte es auch wirklich genutzt. Die anderen hätten sich gleich in der ersten kleinen Pause abgeseilt.

Wichtig auch sei es mit den Gesetzeslieferungen, da habe sie noch einen Ehrgeiz und spüre eine Verantwortlichkeit in sich. Es kämen die Ergänzungsblätter zu sozialen Bestimmungen. „Da hat sich meistens was verändert, und wenn es ganz arg ist, kriege ich es sogar übers Mail, und das kann ich ausdrucken oder nicht oder lesen oder nicht." Es gebe keine Kontrolle, ob sie sich informiert habe. Wenn sie von einer neuen oder veränderten Regelung nichts wisse, hätten die Klienten nichts davon, wenn es für sie eine Verbesserung sei.

◆◆◆◆◆◆◆◆◆◆◆◆◆◆◆◆◆◆◆◆◆◆◆◆◆◆◆◆◆◆◆◆◆◆◆◆◆◆◆

Es werde immer angeregt, das zusammen zu lesen, die
Kollegen miteinander, dass es in einem Gespräch besser
haften bleibt, und das sei auch so vorgesehen. In der
Arbeitsplatzbeschreibung des Vorgesetzten stünde es so
drin. Aber der Chef sage, er habe keine Zeit. „Und dabei
bleibt's. Von den Rahmenbedingungen her müsst er's tun.
Und ich sage, er hat die Zeit. Wenn wir sehr drauf drängen,
hält er ein, zwei Monate durch. Dann verschwindet er
wieder." Über sie könne sich ihr Chef beschweren, aber es
gebe keine Institution, „wo es Konsequenzen hat für ihn".
Da oben seien alle verbrüdert miteinander. Die Männer
hätten alle Angst vor Entscheidungen. „Fällt einer, fallen
sie alle, von daher passiert nix." Bloß Bandscheibenvor-
fälle und Herzinfarkte und unbefristete Arbeitsunfähig-
keitserklärungen.
Elisabeth Schlepplauer hatte sich in der vergangenen
Woche vorgenommen, etwas für sich zu machen. Zum
Beispiel um zehn Uhr eine halbe Stunde um den Block zu
gehen, mit einem Müsliriegel in der Hand, als eine Möglichkeit zum Rückzug, zur Besinnung auf sich selbst. „Es
würde ja nichts passieren, wenn ich es tu. Ich muss mir nur
einen Zettel an den Bildschirm kleben, dass ich es nicht
vergesse. Die Raucher mit ihrem Raucherzimmer, die
schaffen es, sich das immer mal rauszunehmen, von
wegen ihrer Sucht. Die kommen dann zurück und stinken. Ich hab's auch schon gemacht. Weggehen. Dann ist
mir gut. Von wem will ich denn die Erlaubnis dazu haben?
Ich brauch im Team aber Leute, dass die nix Blödes reden,
wenn ich zurückkomm. Die haben in der Zeit mein Tele-
fon mitbedient, vielleicht." Sie habe die Fantasie, die könnten ihr Ärger machen, aus Neid, aus Langeweile, einfach

◆◆◆◆◆◆◆◆◆◆◆◆◆◆◆◆◆◆◆◆◆◆◆◆◆◆◆◆◆◆◆◆◆◆◆

so. Eigentlich müsse sie gar nichts fürchten. „Und doch. Das ist so eine Verfolgung, so eine innerliche. Das kommt noch aus der Kindheit her. Das sage ich!"

Von den Arbeitgebern kommt vermeintliche Abhilfe: In vielen Firmen werden die festen Büros abgeschafft. Die Telearbeit erlaubt es, daß einige Mitarbeiter teilweise oder ganz zu Hause oder an dezentralen Stellen arbeiten.
Es geht jedoch keineswegs um Wohltat für die Beschäftigten, sondern um eine Maximierung des Gewinns. Da ist auch eine Liberalisierung der Arbeitszeiten in Sicht:
„In jedem Falle ist eine erhebliche Ausdehnung der Betriebszeiten in Dienstleistungsunternehmen dringend erforderlich. Dazu sind variantenreiche und flexible Arbeitszeitmodelle, zum Beispiel gleitende Arbeitszeit, variable Arbeitszeiten und Schichtarbeitsmodelle, notwendig, damit Telefonzentralen, Poststellen, Fahrerdienste, Textverarbeitung, Programmierung und viele Stabsstellen, zum Beispiel statt bis 8 Stunden täglich, 10 bis 14 Stunden von Mitarbeitern zweimal besetzt werden können. Auch die Wahlarbeitszeit ist eine Alternative. Die starren Arbeitszeitregelungen gehören endgültig der Vergangenheit an. So arbeitet in England nur noch ein Drittel aller Arbeitskräfte von 9.00 bis 17.00 Uhr mit einer Zeitspanne von 1 bis 2 Stunden.
Teilzeitarbeit sollte zur Normalarbeitszeit werden, um dadurch mehr Menschen, vor allem nichtberufstätige Frauen, zu beschäftigen und auf den schwankenden Arbeitsanfall flexibler reagieren zu können. Dies gilt auch vorbildhaft für den Führungskräftebereich. Das Normale muß zur Ausnahme werden. In vielen europäischen Län-

◆◆

dern ist der Anteil der Teilzeitbeschäftigten weit näher der 50-Prozent-Grenze als in Deutschland. (...)

Einbeziehung des Samstags und damit die Ausdehnung der Gesamtarbeitszeit (für die Schaffung von neuen Teilzeitstellen und für Zweitarbeitsverhältnisse unbedingt notwendig). (...) Freizeit und Arbeit werden fließende Grenzen erhalten, weil die lebensnotwendige Produktivität eines Unternehmens zunehmende Schnelligkeit und Flexibilität von einzelnen fordern wird."[47]

„Es gibt inzwischen fast so viele Arbeitszeitmodelle wie Unternehmen. Keines ist wie das andere, aber alle orientieren sich am Leitbild der Lunge, die je nach Auftragslage und Beschäftigungswünschen ein- und ausatmet.

Bei IBM heißt die jüngste Errungenschaft Vertrauensarbeitszeit. Es gibt keine Zeitkonten und keine Korridore mehr. Jeder kontrolliert seine Arbeitszeit selbst. Den Mitarbeitern wird für einen bestimmten Zeitraum eine Gesamt-Arbeitszeit zugeteilt – wie jeder einzelne Mitarbeiter sich die Zeit einteilt, ob er tagsüber arbeitet oder nachts, daheim oder in der Firma, ist seine Sache ... Neu an den flexiblen Arbeitszeiten ist, daß die Arbeitgeber für die Produktionsanpassung nicht mehr zahlen müssen. Umgekehrt heißt das: Die Arbeitnehmer erhalten keine Zuschläge für zeitweise Mehrarbeit."[48]

Das sind – vermutlich aus Erfahrungen notwendig gewordene – Erleichterungen für die Beschäftigten; die Notwendigkeit von Arbeit überhaupt, ihr „hoher Wert" wird nicht von Ferne in Zweifel gezogen. Fleißig muß man doch wohl sein? Oder? Es gibt die flammende Gegenrede von Paul Lafargue (1842–1911), dem Schüler und Schwiegersohn von Karl Marx, mit dem Titel „Das

❖❖❖❖❖❖❖❖❖❖❖❖❖❖❖❖❖❖❖❖❖❖❖❖❖❖❖❖❖❖❖

Recht auf Faulheit. (Wiederlegung des ‚Rechts auf Arbeit‘
von 1848)". In dieser Schrift von 1883 kann man lesen:
„Eine seltsame Sehnsucht beherrscht die Arbeiterklasse
aller Länder, in denen die kapitalistische Zivilisation
herrscht, eine Sucht, die das in der modernen Gesellschaft
herrschende Einzel- und Massenelend zur Folge hat. Es ist
dies die Liebe zur Arbeit, die rasende, bis zur Erschöpfung
der Individuen und ihrer Nachkommenschaft gehende
Arbeitssucht.
Statt gegen diese geistige Verirrung anzukämpfen, haben
die Priester, die Ökonomen und die Moralisten die Arbeit
heiliggesprochen. Blinde, und beschränkte Menschen,
haben sie weiser sein wollen als ihr Gott; schwache und
unwürdige Geschöpfe, haben sie das, was ihr Gott ver-
flucht hat, wiederum zu Ehren zu bringen gesucht."
Sitzt das schlechte Gewissen nicht in uns allen, wenn wir
faul sind? Wir wissen nichts mit Freizeit anzufangen, das
dürfte ein besonderes Lernprogramm fordern wie auch
den Versuch zur Entschleunigung. Man kann das deutlich
daran erkennen, wie das Wochenende verbracht wird.
Jeder Fünfte „arbeitet" am Wochenende:
„Niemand zählt das Heer der freiwilligen Wochenend-
arbeiter, die legal oder illegal auf dem Feld, auf dem Bau,
in der Werkstatt, am Computer-Bildschirm oder beim
Umzug anzutreffen sind, die in Kongressen, Messen und
Seminaren weilen oder sich Arbeit mit nach Hause nehmen. Fast niemand trifft die Unterscheidung zwischen
Erwerbsarbeit, Sozialarbeit und unbezahlter Arbeit, die in
vielfältigen Facetten vorkommt. Wie ist denn die Famili-
enarbeit der Hausfrau oder des Hausmannes am Wochenende zu beurteilen? Wie ist die ehrenamtliche Arbeit zu

rechtfertigen, an der auch die Kirchen in erheblichem Maße partizipieren? Wie ist die Sportarbeit zu qualifizieren, die gerade am Wochenende immer mehr professionelle Züge annimmt und den eigentlichen Sinn des Sonntags ins Gegenteil verkehrt?" – fragt Rolf Stober in der Einleitung des Sammelbandes „Sonntags nie?"[49]

Außerdem zwingt eine „freizeitaktive und konsumtive Wochenendgesellschaft" gleichzeitig eine immer größere Anzahl ihrer Mitglieder dazu, für die anderen das Riesenrad zu drehen und die Pizza zu backen. Schon heute sind die Abweichungen vom „Normarbeitstag" enorm. Die Flexibilität ist viel größer als die öffentliche Meinung wahrhaben will. Jeder fünfte Erwerbstätige hat keine Fünf-Tage-Woche, er arbeitet auch an Feiertagen und Wochenenden und nicht selten auch in der Nacht. Jeder vierte Erwerbstätige verrichtet Schichtarbeit, zumeist in den verbreiteten Drei-Schicht-Systemen. Teilzeitarbeit ist für viele erwerbstätige Frauen (rund 4,5 Millionen) der strategische Normalfall, inzwischen verstärkt auch an den Wochenenden. Hauptgrund für die deutliche Zunahme der Dienstleistungsarbeit am Wochenende ist die drastisch gestiegene Nachfrage der *neuen Wochenendkundschaft* die informiert und unterhalten, bedient, betreut, verpflegt und versorgt werden will.

Und wer schläft am Wochenende? Nur die Alten, die es so gewohnt sind, und die ganz Jungen, die sich von der Disco erholen. Das Wochenende der 14- bis 19jährigen ist verplant und ausgebucht. Mehr als jeder zweite dieser „jungen Erlebnisgeneration" ist gern bereit, mehr zu arbeiten, um sich in der Freizeit mehr leisten zu können. Bernd Guggenberger faßt zusammen:

❖❖❖❖❖❖❖❖❖❖❖❖❖❖❖❖❖❖❖❖❖❖❖❖❖❖❖❖❖❖❖❖❖❖

„Die ältere Welt des Wochenendes stand im Zeichen von Zeitüberfluß und Gütermangel; die moderne Wochenendwelt ist, genau umgekehrt, durch Güterüberfluß und Zeitknappheit gekennzeichnet: Hektik, Streß, ewiger Termindruck – und das in Verbindung mit einem längst nicht mehr voll nutzbaren Berg an Gütern und Unterhaltungsangeboten.

Die Zukunft des Wochenendes könnte sein Verschwinden und Verblassen sein – zum einen, weil es allzusehr im Zeichen des Überflusses und der Kommerzfreizeit steht; und zum anderen, weil eine Freizeit, die so viel kostet wie die unsere, immer mit Arbeit erkauft wird – oder allgemeiner: mit der Dominanz produktiver Erwägungen."[50]

Andere Frage: Wer ist wirklich „verstreßt"? Sicher gibt es nicht wenige Menschen, die bis an die Grenzen ihrer Kräfte eingespannt sind: Frauen mit Beruf und Kindern, die Kinder selber im Schulalter mit einem Riesenbeiprogramm, Männer in verantwortungsvoller Position, sicher auch einige Politiker. Ebenso oft wie die Klage über Streß hört man aber auch das Stöhnen über Langeweile.

Die Frage der Entschleunigung, der Verlangsamung wird nicht ernsthaft außerhalb des hier erwähnten Kreises von Menschen, die sich geradezu beruflich damit befassen, diskutiert. Aber ein gutes Geschäft wird damit gemacht: Man sollte deutlich und ohne Sentimentalität erkennen, daß sich zur Bedienung der beiden Parteien – hier weiterhin der Glaube an den Nutzen der Beschleunigung, dort Bemühen um Entschleunigung – zwei Wirtschaftszweige gebildet haben, die jeder für sich und erst recht beide zusammen sehr viel Geld machen. Da gibt es die Interes-

❖❖❖❖❖❖❖❖❖❖❖❖❖❖❖❖❖❖❖❖❖❖❖❖❖❖❖❖❖❖❖❖❖

sengemeinschaft, die einer „verstreßten" Menschheit The-
rapien anbietet, präzise gesagt, verkaufen möchte: Bücher,
Zeitschriften, CDs, Düfte, Tees, Meditations- und Yoga-
Kurse, Antistreßprogramme für die Schönheit, Wochen-
endkurse, Urlaubsvorschläge für ein „Slow life". Viel, viel
Geld wird hier verdient. Auch Langsamkeit ist „money"!
Diese Händler in Langsamkeit sind sehr froh, daß sie die
Wirtschaft, das Bankwesen und die Industrie als potenten
Gegner haben. Auch diese verkaufen ihre Lebensauffassung. Sie tun etwas gegen die Langeweile, die sich, wie
gesagt wird, bei einer Reduktion des Tempos todsicher
einstellen wird, die aber auch bei Höchstgeschwindigkeit
mit von der Partie ist: Wo ist es langweiliger als im Flugzeug? Eine riesige Entertainment-Industrie möbliert die
Langeweile rundum mit Tourismus-Angeboten, TV-Pro-
grammen, Safaris, Shopping, Erlebnisessen, Ausschlach-
tung von Katastrophen. Die Römer erfanden dafür den
bis heute gängigen Namen „Panem et circenses" – eine
Herrschaftsmaxime. Als Stimulans gegen Langeweile sollen Aufregung, Streß und Action dienen. – Streß ist so
etwas wie Sucht, von der man sich nur durch eine Ent-
wöhnung, eine Entziehungskur befreien kann. Die Entertainment-Industrie betreibt etwas, was der Reklame für
Nikotin oder Alkohol vergleichbar ist: Sie fördert die
Sucht und macht hohe Umsätze. Wie sich die Bilder gleichen! Die Diskussion um die Frage „Wieviel Tempo kann
der Mensch vertragen" findet dort nicht statt.
Wenn Veränderungen im Hinblick auf den Menschen
vorgenommen würden und das nicht in erster Linie unter
dem Aspekt der Rentabilität und des Profits, dann stellte
sich als Ergebnis ein: weniger Fehler, weniger Katastro-

phen und damit weniger wirtschaftliche Verluste. Solche Wandlungen sind auf der Basis von rein rechnerischen Überlegungen möglich, ohne daß die Wertfrage gestellt würde. Das beträfe jedoch überhaupt nicht die einzelnen mit ihrer Ratlosigkeit, was sie mit der zur Verfügung stehenden Zeit anfangen sollten. Bleibt nur Langeweile? Es genügt nicht, nur nach einer gehaltvollen Ausfüllung der Stunden oder Tage zu suchen, vergleichbar einer hochwertigen Ernährung, auf Dauer wird eine Veränderung im Denken vor sich gehen müssen, in der Rangordnung der Werte: Geld und Arbeit dürfen nicht auf Platz eins der Ziele stehen bleiben. Dann erst setzt das Training in Langsamkeit ein, schwer und langwierig aber mit überwältigendem Ergebnis.

LANGSAM LEBEN?
WIE MACHT MAN DAS?

Schocks durch Langsamkeit

Sie sägten die Äste ab, auf denen sie saßen
Und schrieen sich zu ihre Erfahrungen
Wie man schneller sägen konnte, und fuhren
Mit Krachen in die Tiefe, und die ihnen zusahen
Schüttelten die Köpfe beim Sägen und
Sägten weiter.

Bert Brecht[51]

Da stehen wir am Ende unseres tempobesessenen Jahrhunderts, sind Zeugen, wie das Rasen in den Stillstand
läuft, sehen vielleicht auch ein, daß du und ich in diesem

◆◆◆◆◆◆◆◆◆◆◆◆◆◆◆◆◆◆◆◆◆◆◆◆◆◆◆◆◆◆◆◆◆◆◆◆◆◆◆

Prozeß keine Posten der Rechnung, keine Gegenstände des Interesses sind. Vielleicht befällt uns sogar der Wunsch auszubrechen. Und dann erschrickt uns die Erfahrung, daß wir von Mauern umgeben sind, die sich in mindestens 250 Jahren aufgeschichtet haben, wie für einen Hochsicherheitstrakt. Die felsartigen Brocken, aus denen sie bestehen, sind Überzeugungen, Prinzipien, die wir schon in der Erziehung verinnerlichen: Zeit ist Geld, Fleiß ist die edelste Eigenschaft, Arbeit die beste Lebenserfüllung. Fällt das weg, bleibt nur die Langeweile. Und das halten wir auch noch für gottgewollt, mindestens aber in der Natur des Menschen liegend.

„Wir rasen, ohne zu wissen wohin. Und da wir in einigen Bereichen das Ziel der Beschleunigung aus den Augen zu verlieren drohen, erhöhen wir die Geschwindigkeit um so mehr. Überall wird Zeit eingespart, um Zeit zu gewinnen, ohne daß noch jemand den Widersinn dieser Aussage hinterfragt. Aber die im Beschleunigungsfieber Taumelnden haben den klaren Überblick verloren, weil Beschleunigung zum Selbstzweck geworden ist."[52]

Um im „Beschleunigungsfieber den klaren Überblick" wiederzugewinnen, müssen wir zuallererst einsehen, daß unser Denken keineswegs gottgewollt ist oder in unserer Natur liegt, sondern eine lange historische Entwicklung hinter sich hat: Die Heiligsprechung von Arbeit ist etwas sehr altes, nämlich die Meinung von Oberschichten zu allen Zeiten. Sie brauchten selber nicht zu arbeiten, benutzten aber große Sätze, um ihre Sklaven, Knechte und Untertanen zur Arbeit anzuspornen.

Einer der Väter der Soziologie, der Arbeitssoziologie, Hans-Paul Bahrdt, hat die neue Situation treffend gekenn-

zeichnet. „Es geschieht etwas Einmaliges in der Weltge-
schichte. Zum ersten Mal bezieht eine Oberschicht die
Forderung: Im Schweiße deines Angesichts sollst du dein
Brot essen! auch auf sich selbst und fühlt sich auch noch
geehrt, obwohl dieses Wort aus der Genesis eigentlich ein
Fluch war. Es gibt nunmehr eine Oberschicht, die keine
Mußeklasse ist. Sogar das Politikmachen, das Regieren,
Parlamentstätigkeit wird zur Arbeit. Weiß der Himmel,
wie der Bewußtseinswandel zu erklären ist. Calvin und
Luther und auch die anderen christlichen Überlieferun-
gen allein können es nicht gewesen sein, zumal ja der
Fleiß der gehobenen Schichten noch ständig zunahm."[53]
Über die wirkliche Triebfeder wird schamvoll geschwie-
gen: das Geld, der Profit versetzt alle Beteiligten immer
wieder in einen Rauschzustand. Soziologische Tiefenpsy-
chologie ist hier gefragt. Wie läßt sich dieser finanzgepol-
sterten Einstellung zum hohen Tempo beikommen? Nach
meiner Erfahrung heißt die Therapie so: Die seit mehr als
200 Jahren auf Aktionismus, Geschwindigkeit und Selbst-
verleugnung dressierte europäische und amerikanische
Menschheit braucht katastrophenähnliche Schocks, um
sich dieser Situation bewußt zu werden. Eine total andere
Erfahrung muß sie umkrempeln. Ein New Yorker Auto-
fahrer beschreibt so etwas:

„Vor einigen Monaten war ich einmal in größter Eile, weil
ich einen Zug erreichen wollte. Ich fuhr in meinem Auto
auf einer Landstraße und fand mich bald hinter einem
schwarzen, halboffenen Wagen, der von zwei Pferden
gezogen wurde. Der war so etwas wie ein ‚Zweispänner‘
vom Ende des neunzehnten Jahrhunderts, den zum Beispiel der Wiener Klavierbauer Ludwig Bösendorfer zur

Erholung und zum Vergnügen besonders schätzte. – Was mich erstaunte war, daß die Pferde tatsächlich sehr schnell liefen. Es war keine Spazierfahrt im Central Park. Doch als ich das komische Ding näher betrachtete, wurde mir schmerzhaft klar, wie unerträglich langsam es sich bewegte. Ich war geradezu niedergeschmettert, als ich zu ahnen begann, wie lange es dauern würde, bis ich dahin kam, wohin ich wollte, wenn das wirklich das höchste Tempo dieses Fuhrwerks war. Inzwischen konnte ich an ihm vorbeifahren und meine Wut verwandelte sich in Kameradschaft. Spricht es nicht Bände, daß Beethoven vermutlich nie eine höhere Geschwindigkeit erfahren hat als das Tempo dieses Wagens, – daß seine Vorstellungen von Zeit, Dauer und der zeitlichen Verbindung von Ereignissen und Orten radikal anders als die unsern waren?"[54]

Ich selbst habe – als Musikerin – einschneidende Erlebnisse im Zusammenprall mit den Tempovorstellungen anderer gehabt. Das Goethe-Institut hatte mich in die Welt geschickt, um in fremden Ländern den Menschen europäische Musik nahezubringen, durch Spielen am Klavier und historisch-theoretischen Erläuterungen.

In Ankara hatte ich über die Musik der Schönberg-Schule zu sprechen. Mit Überzeugung und vielen Worten stellte ich die Kürze der Klavierstücke von Schönbergs Opus 19 als einmalig heraus. Ich zitierte die Aussprüche Schönbergs, bei denen man sich in Mitteleuropa glänzenden Auges anschaut: „Sagenswert ist nur das noch nicht Gesagte." – Zum Ende der Veranstaltung gab es eine Diskussion. Ein Mädchen fragte mich: „Warum sagt Schönberg alles so kurz?" Ich wiederholte die Sätze, die ich mittlerweile wie ein Vaterunser der Neuen Musik in vielen

◆◆◆◆◆◆◆◆◆◆◆◆◆◆◆◆◆◆◆◆◆◆◆◆◆◆◆◆◆◆◆◆◆

Sprachen auswendig konnte. Sie insistierte: „Aber warum muß er es denn so kurz sagen?" Ich wiederholte – schon etwas ungeduldig – die „großen" Sätze in Umgangssprache: „Und deshalb sagt Schönberg alles so kurz wie möglich, ist das so schwer zu verstehen?" „Ja", sagte sie, „lang ist doch viel schöner."

Das war ein Affront auf europäische Grundüberzeugungen wie: kurz ist besser als lang, schnell besser als langsam – und auf Vorurteile, die mir bei vielen Gelegenheiten bewußt wurden, übrigens vorwiegend außerhalb von Europa. Die Jagd auf solche europäischen Vorurteile und Selbstverständlichkeiten ist seitdem für mich zum Sport geworden. Diese Jagd habe ich nicht gelernt, mein Universitätsstudium hilft mir dabei gar nichts, es war eher eine Bremse. Meine Schule dafür war sehr praktisch: das Zusammentreffen mit fremden Ländern und Menschen. Meine Stellung zur europäischen Musik hat sich dabei sehr verändert und was wichtiger ist: Ich bin selber dabei ein anderer Mensch geworden.

„Nur den Faulen fällt etwas ein", sagte meine Mutter. Zwar erwartete man von mir schöne oder witzige Einfälle, ich wurde aber trotzdem von der Schule, der Universität, aber auch von den Erwartungen meiner Eltern zu einer zielbewußten, aktiven, fixen, schnell sprechenden und auch möglichst schnell denkenden Person erzogen. Bei meinem Klavierstudium erfuhr ich endgültig, was „Tempo" heißt: Hochleistungssport, Formel 1. Alle Musiker der Welt, soweit sie sich mit klassischer europäischer Musik befassen, wissen, praktizieren das und werden so ihren Kollegen zur permanenten Ermahnung und zum Ansporn. In diesem Geiste verbrachte ich mein Leben bis vor fünfzehn Jahren. Der Blitz traf mich in Japan. Jedoch nicht durch Zen, nein, viel europanäher!

Eine der acht Musik-Akademien in Tokio hatte mich eingeladen, zwei Jahre lang dort Klavierunterricht zu geben. Meine 16 Studenten, etwa 23 Jahre alt, seit ihrem dritten Lebensjahr ans Üben gewöhnt, konnten eigentlich alles. Dann kam die jährliche Abschlußprüfung. Bei meinen Studenten des vierten Jahres war es auch die Endprüfung für das gesamte Studium. Jeder von ihnen mußte elf Minuten Klavier spielen – europäisch-klassisch, versteht sich von selbst. Nach dem ersten Jahr dürfen sie acht, nach dem zweiten neun, nach dem dritten Jahr zehn Minuten spielen. Wie alle Lehrer der Beteiligten hörte ich bei der Prüfung zu und mußte ein Urteil abgeben, schriftlich. Fünf Tage lang mußte ich jeweils 25 Studenten je elf Minuten Musik zwischen Bach und Prokofieff spielen hören, darunter auch meine eigenen Schüler. Keiner machte Fehler, alle spielten ohne Gedächtnisstörungen auswendig, glatt, schnell – im Grunde genommen so, wie Musik machen im 19. Jahrhundert, zur Zeit der Frühindustrialisierung, formuliert und seitdem praktiziert wurde. Von Europa haben die Japaner das gelernt! Die meisten Pianisten der Welt beneiden die Japaner um ihre Perfektion. Eigentlich war kaum etwas gegen die Leistungen der Prüflinge einzuwenden, und doch schlich ich nach jedem Prüfungstag elend, fast krank nach Hause in meine Gästewohnung. Ist das Musik? Wenn das Musik war, dann hatte ich damit nichts zu tun, dann war ich bei meiner Berufsentscheidung auf den falschen Dampfer gestiegen. Meine Überlegungen pendelten zwischen Abreisen oder den Musikberuf aufgeben. Da überraschte mich an einem dieser Verzweiflungstage in meiner Wohnung ein aus Deutschland nachgeschicktes Buch: „Wiedergeburt der Klassiker" des Holländers Willem Retze Talsma. Darin war ausführlich dargestellt und bewiesen, daß wir heute klassische Musik von Bach bis Liszt einschließlich zweimal so schnell spielen, wie die Komponisten sie gemeint hatten. Die Begründung: Wir lesen die Metronomzahlen, die zum Beispiel Beethoven, Chopin, Schumann selber an ihre Stücke geschrieben hatten, falsch. Das Metronompendel schlug damals hin und zurück, machte also tick-tack, wo wir es nur tick machen lassen. Das läuft auf eine Halbierung des heute üblichen Tempos heraus.

In Tokio war meine Verzweiflung so groß, daß ich nach diesem Strohhalm griff. Ich entschloß mich zur Umkehr auf dem Weg, den ich bisher für richtig gehalten hatte. Aber das war teuflisch schwer, die Abkehr von der eintrainierten Geschwindigkeit. Ich übte die Entschleunigung, ja, aber mit Metronom. Ich mußte von dieser Maschine dazu gezwungen werden, mich von meiner jahrzehntelang mit Überzeugung eingewöhnten Schnellspielerei zu verabschieden. Sehr, sehr lange dauerte es, bis ich nicht mehr bei dem langsam tickenden Metronom nervös wurde. Es vergingen sicher sechs Wochen, bis ich mich *ohne* Metronom in der anderen, halb so schnellen Schrittart bewegen konnte. Und dann stellte sich die entscheidende Frage: Was soll das? Was bedeutet die so bekannte Musik jetzt? Großes Fragezeichen. Ich begann über das Werk, das ich mir vorgenommen hatte, nachzulesen, es war die Sonate op. 53, die „Waldsteinsonate" von Beethoven, und fand, daß sie im vorigen Jahrhundert – sie wurde 1803/04 komponiert – „Aurora" genannt wurde. Ein Kommentator unserer Zeit meinte, daß manche Pianisten die Sonate wie ein „enervierendes Büffelgetrappel" spielen. In der Nähe hatte ich mich während meines ganzen Studiums auch befunden. Nun also Aurora. Nur wenn man ein sehr viel langsameres Tempo spielte, entstand kein Getrappel. Und dann dauerte es abermals sehr lange, bis mir das Note für Note einleuchtete und ich es auch darstellen konnte. Aurora! Dieser Inhalt läßt sich in dem heute üblichen schnellen Tempo überhaupt nicht ahnen, viel weniger zum Klingen bringen.

Ich war überwältigt, nicht zuletzt von der Erkenntnis, daß viele Inhalte bei schnellem Tempo überhaupt nicht zu erkennen sind, also auch keine Wirkung in unserem Innern haben. Die naturwissenschaftlich-medizinische Erklärung erhielt ich zehn Jahre später durch die Gehirnforschung.

Unterstützung durch die Gehirnforschung

Graf Kayserlingk, russischer Gesandter am Hof zu Dresden, sowie Freund und Gönner Johann Sebastian Bachs, kränkelte viel und hatte dann schlaflose Nächte. Sein Hauscembalist Goldberg reiste mit ihm und mußte die Zeiten der Krankheit im Nebenzimmer verbringen, um dem Grafen während der Schlaflosigkeit etwas vorzuspielen. Einmal äußerte der Graf gegenüber Bach, daß er gern einige Klavierstücke für seinen Goldberg hätte, die so sanften aber auch munteren Charakters wären, daß er dadurch in seinen schlaflosen Nächten ein wenig aufgeheitert werden könnte. Bach komponierte die bis heute

◆◆◆◆◆◆◆◆◆◆◆◆◆◆◆◆◆◆◆◆◆◆◆◆◆◆◆◆◆◆◆◆◆◆

hochberühmten Goldberg-Variationen. Der Graf konnte sich nicht satt hören an diesen Variationen, die er in den Nächten, in denen er wach lag, immer wieder verlangte. Bach ist vermutlich für keine andere Arbeit so belohnt worden, wie für diese: Der Graf schenkte ihm einen goldenen Becher, welcher mit 100 Louisdor angefüllt war.

Die Pianisten von heute spielen die Goldberg-Variationen vorsorglich ziemlich schnell, damit niemand einschläft. Allerdings gibt es in diesem Zusammenhang eine pikante Geschichte: Der kanadische Pianist Glenn Gould, der für seine Interpretation der Goldberg-Variationen gefeiert wurde, spielte sie 1955 als Dreiundzwanzigjähriger in 38 Minuten 27 Sekunden und 1981, also 26 Jahre später, in 51 Minuten 18 Sekunden. Er äußerte sich dazu: „Ich glaube, die meiste Musik, die mich wirklich tief bewegt, möchte ich in einem sehr grüblerischen, langsamen Tempo gespielt haben (und natürlich auch selbst so spielen) ... Sehen Sie, früher war für mich das rhythmische Voranpreschen ungeheuer wichtig; aber je älter ich wurde, desto mehr empfand ich viele Interpretationen (und sicher auch den größten Teil meiner eigenen) als viel zu schnell ... und gerade das Fehlen langsamer Tempi ... ist es, was mich an meiner alten Einspielung der Goldberg-Variationen stört."[55]

In dieser Äußerung von Glenn Gould klingt sicher nicht nur seine eigene biographische Entwicklung nach, sondern auch ein sehr sensibles Eingehen auf die um 1980 schon einsetzenden Zweifel an der alleinseligmachenden Kraft von Highspeed. In jenem Jahr – etwa 240 Jahre nach der Komposition des Werkes – gab es bereits seit zwei Jahrzehnten eine Entdeckung zur Verbindung von Musik

◆◆◆◆◆◆◆◆◆◆◆◆◆◆◆◆◆◆◆◆◆◆◆◆◆◆◆◆◆◆◆◆◆◆◆

und Schlaf, die neue unerhörte und am Ende weltweite Bedeutung gewann: Superlearning, die Methode, bei langsamer Musik im Halbschlaf eine Sprache neu zu lernen. Die damalige Sowjetunion war besonders interessiert daran, einerseits wegen der vielen Analphabeten in ihrem Riesenreich, aber auch zur intensiveren Ausbildung der Armee. Allerdings waren die Sowjets nicht die Urheber dieser Methode. Der Bulgare Dr. Georgi Losanow entwickelte aufgrund seiner genauen Erfahrungen mit dem indischen Raja-Yoga einen Weg, die bis dahin brachliegenden Teile des Gehirns zu aktivieren und nutzbar zu machen. Er war durch ganz Indien gereist, hatte aber auch Musik studiert und war in Bulgarien, dem Tor zum Orient, auf die Welt gekommen. Ein Land mit einer Gesellschaft, die von esoterischen Lehren des Islam, Buddhismus und Hinduismus beeinflußt wurde.

„Bulgarischer Durchbruch zum Supergedächtnis!', ,Arbeiter lernen in einer Sitzung fünfhundert fremdsprachliche Wörter und verbessern gleichzeitig ihre Gesundheit!' So lauteten Schlagzeilen der kommunistischen Presseorgane. Sogar die distinguierte alte Prawda ließ sich von der Begeisterung erfassen und verkündete: ,Man kann eine Fremdsprache binnen eines Monats lernen!'

Als wir Dr. Georgi Losanow in seinem sonnigen Büro des vom Staat finanzierten Instituts für Suggestologie in Sofia gegenübersaßen, wußten wir, daß wir mit dem einzigen Psychiater Bulgariens sprachen, mit dem führenden Parapsychologen des Landes und dem geistigen Vater der Suggestologie. Letztere war eine provisorische Zusammenstellung jener Techniken, mit denen Losanow offenbar Wunderheilungen kranker und psychisch gestörter Men-

◆◆◆◆◆◆◆◆◆◆◆◆◆◆◆◆◆◆◆◆◆◆◆◆◆◆◆◆◆◆◆◆◆◆

schen vollbrachte – und das Aufblühen der alternativen Medizin um Jahrzehnte vorwegnahm. Losanow hatte eine neue Krankheit entdeckt, das ‚didaktogene Syndrom‘, ein durch schlechte Lernmethoden verursachtes Leiden, und sich vorgenommen, es mittels Suggestopädie zu heilen. Sein Ziel war es, wie er sagte, ‚die größten Schätze zu erschließen, die ein Land besitzt; die unangezapften Reichtümer des menschlichen Geistes‘.

Wenn die Untersuchungsergebnisse stimmten, die uns Losanow und seine Mitarbeiter vorlegten, war das kleine Bulgarien drauf und dran, in bezug auf geistige Schätze das zu werden, was die arabischen Emirate in bezug auf den Bodenschatz Öl sind. Losanow erwies sich als charmanter Mann mit einem herzlichen, ansteckenden Lächeln und einem nachgerade elektrischen Haarschopf, der ihn so aussehen ließ, wie man sich ein typisches Genie vorstellt. Wir erkannten, daß sich im hinterwäldlerischen Bulgarien, wenn auch nur die Hälfte der kühnen, atemberaubenden Behauptungen zutraf, eine phantastische Entwicklung im Hinblick auf den Fortschritt der Menschheit anbahnte."[56]

Losanow entwickelte eine Methode, fremde Worte, etwa die Vokabeln einer dem Lernbeflissenen unbekannten Sprache, in ausgeklügelten Zeitabständen in dessen Gehirn zu befördern, auf dem Vehikel langsamer Musik, denn – das war die auch in Indien erfahrene Tatsache – das menschliche Gehirn ist in dem Bereich am lernfähigsten, der auf langsamste Frequenzen reagiert. Nach längerem Experimentieren fanden die Bulgaren als Beförderungsmittel langsame Sätze aus der Barockmusik, also Adagios von Bach, Albinoni, Corelli, Pachelbel, Telemann

◆◆◆◆◆◆◆◆◆◆◆◆◆◆◆◆◆◆◆◆◆◆◆◆◆◆◆◆◆◆◆◆◆◆◆◆

oder Vivaldi. Das wirksamste Tempo waren immer zwischen 54 und 64 Schläge in der Minute. Oft mußte man das Tempo, das man auf den zur Verfügung stehenden Schallplatten vorfand, noch heruntersetzen. Die Barockmusik besaß außerdem die Hochfrequenztöne, die dazu beitrugen, Bewußtsein und Unterbewußtes miteinander in Kontakt zu bringen. Solche Musik setzte die Fähigkeit frei, Fakten, Zahlen, technische Details und eben auch Worte fremder Sprachen bis zu fünfmal schneller aufnehmen zu können als vorher.

Superlearning hieß der neue Weg. Er verbreitete sich mit Windeseile um die Welt und ist mittlerweile ebenso ein Verkaufsschlager wie die meisten Angebote aus dem Entschleunigungskatalog.

Die wichtige Erkenntnis und Erfahrung des Superlearning: So wie durch Nichtbeachtung der körperlichen Eigenrhythmik des Menschen Unfälle, sogar Katastrophen entstehen, so ist es auch im Gehirnbereich: Nicht im Höchsttempo liefert der Mensch am meisten, nein, auf langsamsten Frequenzen, fast im Schlaf vollbringt er Leistungen, die vorher unbekannt waren. Die noch relativ junge Gehirnforschung stützt das, kann es medizinisch-wissenschaftlich aufzeigen und beweisen.

Bei der Elektroenzephalographie (EEG) zur Messung von Gehirnwellen unterscheidet man vier unterschiedliche Frequenzbereiche: die sogenannten Alphawellen (8 bis 13 Hertz, Schwingungen pro Sekunde), Betawellen (13 bis 30 Hertz), Thetawellen (4 bis 7 Hertz) und Deltawellen (bis 3 Hertz). Je nach Dominanz eines dieser Wellentypen herrschen auch bestimmte Hirnzustände vor. So gelten nach den bisherigen biologischen Kenntnissen Alphawellen als typisch für entspannte Konzentration und veränderte Bewußtseinszustände, Thetawellen als Kennzeichen für tiefere Meditationszustände, Deltawellen als Zeichen für Tiefschlaf.

Der Hirnforscher Günter Haffelder kann über ein Gerät die Gehirnarbeit eines Musikers als Diagramm auf einem Bildschirm sichtbar machen. Dabei stellt sich heraus, daß die Passagen der Musik, die sich im Deltabereich – also im Schlafbereich – bewegen, auch diejenigen sind, die dem Spieler und dem Zuhörer am tiefsten in die Seele dringen. Der Deltabereich ist auch der Teil des Gehirns, der lernfähig ist. Dorthin muß Superlearning die fremden Vokabeln befördern. Auf welchem Gefährt? Auf Musik mit langsamen Frequenzen, auf langsamen Sätzen aus der Barockmusik.

In diesen Bereich stößt man auch vor, wenn man klassische europäische Musik erheblich langsamer spielt, als es heute geschieht. Das hatte mich überwältigt, als ich der Waldsteinsonate von Beethoven auf diesem Terrain begegnete. Das wird wohl auch den Grafen Keyserlingk beruhigt und zum Schlafen gebracht, vermutlich sogar lindernd auf seine Schmerzen gewirkt haben.

Die „Verbindung mit der Quelle unseres Seins" ist das Ereignis des Eintauchens in den Deltabereich, man kann das „bei sich Sein", „im Lot", in „Übereinstimmung mit sich und der Welt, oder gar dem Kosmos sein" nennen. Das stellt sich ein, wenn dem Schüler beim japanischen Bogenschießen ein einwandfreier Schuß gelingt, wenn der lebenslange Sucher Robert Lax wie durch Zufall spürt, wie er „zu sich gekommen ist".

119

◆◆◆◆◆◆◆◆◆◆◆◆◆◆◆◆◆◆◆◆◆◆◆◆◆◆◆◆◆◆◆◆◆◆◆◆

Für mich hat sich das bei meinen Mühen um entschleu-
nigte Musik als bis dahin unbekanntes, unendlich beflü-
gelndes Erlebnis eingestellt, hat mir den Blick auf einen
neuen musikalischen Erdteil freigegeben. Das ist schwer
zu beschreiben. Möge eine kleine Geschichte, die oft
erzählt wird, deren Urheber ich jedoch nicht kenne, hier
als Gleichnis stehen:

Ein Auto fährt durch eine einsame Gegend Amerikas. Am
Rand der Straße steht ein Indianer. Der Fahrer des Wagens
fragt ihn, ob er mitfahren wolle. Der Indianer steigt ein.
Nach einigen Stunden bittet er den Fahrer anzuhalten,
weil er aussteigen wolle – in der Einöde rechts und links.
Auf die Frage, was er denn an dieser gottverlassenen Stelle
machen wolle, antwortet der Indianer: Wegen der schnellen Fahrt konnte meine Seele nicht mitkommen, ich muß
hier auf sie warten.

Den Indianer schmerzte die verlorengegangene „Verbindung mit der Quelle seines Seins". Die modernste Physik
hat uns darüber aufgeklärt, daß nicht nur Hörbares, zum
Beispiel Musik, etwas mit Frequenzen, mit Schwingung
zu tun hat. Wir lernen, daß alles Schwingung sei. Musiker
sagen dann natürlich auch, daß alles „Klang" sei, wie es
Joachim Ernst Behrendt in seinem Buch „Nada Brahma.
Die Welt ist Klang" tut. Auch er nahm seine Anregung aus
Indien. In chinesischer Version heißt das:

„Das Universum und ich existieren zusammen, und alle
Dinge und ich sind eins. Da alle Dinge eins sind, ist kein
Grund mehr zur Rede. Da ich jedoch eben gesagt habe,
daß alle Dinge eins sind, wie kann da Rede nicht wichtig
sein? – Hinter den Teilen ist immer etwas Ungeteiltes, hinter dem Bestreitbaren etwas Unbestreitbares. Du fragst:

◆◆◆◆◆◆◆◆◆◆◆◆◆◆◆◆◆◆◆◆◆◆◆◆◆◆◆◆◆◆◆◆◆◆◆

Was? Der Weise trägt es in seinem Herzen." (Dschuang-Dsi)

Die neue Physik und die heutige Gehirnforschung geben dem Drängen auf Tempo Unrecht: Man kann nachweisen, daß hohe Geschwindigkeit unrentabel ist, den Ertrag geistiger Arbeit sogar verringert. Langsamkeit einzusetzen erhöht den Gewinn. Also nicht nur „Move slow", sondern auch „Think slow" – ein Ergebnis, das den Parteigängern der Geschwindigkeitssteigerung Mühe machen dürfte. Die Gewinner dabei sind dieses Mal die Individuen, sie sehen sich erstmalig an den Schalthebeln für eine Veränderung:

„Unsere Chance besteht jetzt darin, Urheber der Veränderung und nicht ihr Opfer zu werden. Wir müssen flexibler sein denn je, müssen klarer wissen, wie man eine Veränderung ohne zermürbenden Kampf vollzieht. Besser als je zuvor müssen wir die uns innewohnenden Fähigkeiten zum Einsatz bringen – jene angeblich 90 bis 95 Prozent unseres Potentials, mit dem die meisten heute Lebenden noch gar nicht Kontakt aufgenommen haben. Schon vor hundert Jahren hat der große amerikanische Psychologe William James ausgerechnet, daß wir lediglich fünf Prozent unserer angeborenen Veranlagung nutzen.

‚Es sind eher drei Prozent. Nur wenige von uns nutzen überhaupt die fünf Prozent ihres Leistungsvermögens', vermutet Dr. Raymond Abrezol, ein bekannter Schweizer Vertreter der Sophrologie, also der ‚Wissenschaft des harmonischen Bewußtseins', der übrigens auch viele erfolgreiche Olympiateilnehmer trainiert hat.

Wie weit könnten wir kommen? ‚Die grundlegende, schöpferische Tätigkeit des Gehirns kann, für alle prakti-

◆◇◆◇◆◇◆◇◆◇◆◇◆◇◆◇◆◇◆◇◆◇◆◇◆◇◆◇◆◇◆◇◆◇◆◇◆

schen Zwecke, grenzenlos von Nutzen sein', behauptet
der Pädagoge Georg Leonard. Das klingt sehr gut, enorm
vielversprechend."[57]

Uns wird von der Gehirnforschung eine Position empfoh-
len, in der wir uns glücklicher fühlen als in jeder anderen,
nämlich „verbunden mit der Quelle unseres Lebens". Der
Wunsch nach Dauer stellt sich ein, nicht das Hetzen nach
etwas anderen, sondern das Verlangen, daß dieser
Zustand nicht aufhören möge. Von Langeweile keine
Spur! Hier findet echte Entschleunigung statt.

Umsteiger

Nach meiner ersten Erfahrung mit der Temporeduktion
beim Musizieren nahm ich mir immer wieder ein anderes
Stück vor, das ich bis dahin so gespielt hatte wie alle anderen Pianisten: so schnell wie möglich. Meine Auseinandersetzung mit dem Werk und das Umsteigen auf ein
erheblich langsameres Tempo nahm immer denselben
beschriebenen Weg: viele Wochen langsamen Übens mit
Metronom und dann die Frage nach dem nun erkennba-
ren, ausgegrabenen Inhalt. Dabei stellte sich immer die
gleiche Überraschung ein: Die Musik offenbarte Stim-
mungen, Gefühle, Inhalte, von denen ich nichts gewußt
hatte. Sie sprach auch in mir Regionen an, die früher unbe-
rührt, besser gesagt, unterernährt geblieben waren. Es ist
eine der am tiefsten greifenden Umkrempelungen meines
Lebens geworden, und ich bin dabei geblieben. Soweit es
um die Musik geht, bin ich von schnell auf langsam
umgestiegen, aus dem Highspeed-Zug in den Fiaker,

◆◇◆◇◆◇◆◇◆◇◆◇◆◇◆◇◆◇◆◇◆◇◆◇◆◇◆◇◆◇◆◇◆◇◆◇◆◇◆

wenn ich nicht gar zu Fuß gehe. Aber für uns Tempover-
sessene ist das schwer und immer wieder mühsam, tatsächlich einer Entziehungskur vergleichbar.

Sehr anschaulich beschreibt Eugen Herrigel einen solchen
Weg, als er in Japan Bogenschießen lernen wollte. Als
Dozent für Philosophie in Tokio war er begierig darauf,
Zen kennenzulernen, weil „dieses Zen bisher ungeahnte
Weisen menschlicher Existenz entbindet, in die nun end-
lich Einblick zu gewinnen gar nicht hoch genug ange-
schlagen werden könne."[58]

Sechs Jahre lang bekam er Unterricht von einem Zen-
Meister, der ihm zunächst immer wieder vormachte, wie
der Bogen abgeschossen werden müsse, und dann sagte:

„Machen Sie es ebenso, aber beachten Sie dabei, daß
Bogenschießen nicht dazu da ist, Muskeln zu stärken. Sie
dürfen zum Ziehen der Bogensehne nicht Ihre ganze Körperkraft aufbieten, sondern müssen lernen, nur Ihre beiden Hände die Arbeit tun zu lassen, während die Arm-
und Schultermuskeln locker bleiben und wie unbeteiligt
zusehen. Erst wenn Sie dies können, erfüllen Sie eine der
Bedingungen, unter denen das Spannen und Schießen
‚geistig‘ wird. Nach diesen Worten ergriff er meine Hände
und führte sie langsam durch die Phasen der Bewegung
hindurch, die sie hinfort ausführen sollten, damit ich mich
gefühlsmäßig an sie gewöhne.

Schon beim ersten Versuch mit einem mittelstarken
Übungsbogen merkte ich, daß ich Kraft, ja sogar erhebli-
che Körperkraft aufwenden mußte, um ihn zu spannen.
Eigensinnig in meinem Vorsatz verbissen, übte ich weiter."

Trotzdem verlor Herrigel irgendwann die Geduld und
gestand das dem Meister. Dieser erklärte:

◆◆◆◆◆◆◆◆◆◆◆◆◆◆◆◆◆◆◆◆◆◆◆◆◆◆◆◆◆◆◆◆◆◆◆

„Sie können es deshalb nicht, (...) weil Sie nicht richtig atmen. Drücken Sie nach dem Einatmen den Atem sachte herunter, so daß sich die Bauchwand mäßig spannt, und halten Sie ihn da für eine Weile fest. Dann atmen Sie möglichst langsam und gleichmäßig aus, um nach kurzer Pause mit einem raschen Zug wieder Luft zu schöpfen – in einem Aus und Ein fortan, dessen Rhythmus sich allmählich selbst bestimmen wird. Bei richtiger Ausführung werden Sie spüren, daß Ihnen das Bogenschießen von Tag zu Tag leichter fällt. Denn mit dieser Atmung entdecken Sie nicht nur den Ursprung aller geistigen Kraft, sondern erreichen auch, daß diese Quelle immer reichlicher fließt und um so leichter sich durch Ihre Gliedmaßen ergießt, je gelockerter Sie sind.' (...)

,Das Einatmen', sagte der Meister einmal, ,bindet und verbindet, im Festhalten des Atems geschieht alles Rechte, und das Ausatmen löst und vollendet, indem es alle Beschränkung überwindet.'

Ich kann an jene Tage nicht zurückdenken, ohne mich immer wieder daran erinnern zu müssen, wie schwer es mir im Anfang fiel, die Atmung sich auswirken zu lassen. Zwar atmete ich technisch richtig, aber wenn ich darauf achtete, daß beim Spannen des Bogens die Arm- und Schultermuskeln gelockert blieben, versteifte sich unwillkürlich die Muskulatur meiner Beine um so heftiger, wie wenn ich auf festen Halt und sicheren Stand angewiesen wäre und, Antaeus gleich, alle Kraft aus dem Boden zu saugen hätte.

Als ich einmal zu meiner Entschuldigung bemerkte, ich bemühte mich doch gewissenhaft darum, gelockert zu bleiben, erwiderte er: ,Das ist es ja eben, daß Sie sich

❖❖❖❖❖❖❖❖❖❖❖❖❖❖❖❖❖❖❖❖❖❖❖❖❖❖❖❖❖❖❖❖❖❖❖

darum bemühen, daß Sie daran denken. Konzentrieren Sie sich ausschließlich auf die Atmung, als ob Sie gar nichts anderes zu tun hätten!' Es dauerte freilich noch eine geraume Weile, bis mir zu erfüllen gelang, was der Meister forderte. Aber es gelang.

Dann und wann, und im Laufe der Zeit immer öfter, glückte es, bei völliger Gelockertheit des ganzen Körpers den Bogen zu spannen und bis zum Schluß in Spannung zu halten, ohne daß ich zu sagen vermöchte, wie es zuging. Der qualitative Unterschied zwischen diesen wenigen geglückten und den noch immer vielen miß-glückten Versuchen war dabei so überzeugend, daß ich zuzugeben bereit war, nun endlich zu verstehen, was mit ‚geistigem' Spannen des Bogens gemeint sein müsse.

Nach einem Jahr den Bogen ‚geistig', das heißt machtvoll und doch mühelos, spannen zu können, ist kein erschüt-terndes Ergebnis. Und doch gab ich mich damit zufrieden. ‚Alles, was Sie bisher erlernt haben, (...) war nur Vorberei-tung für das Lösen des Schusses. Wir stehen somit jetzt vor einer neuen, besonders schwierigen Aufgabe und kom-men zugleich auf eine neue Stufe der Kunst des Bogen-schießens.' Nach diesen Worten ergriff er seinen Bogen, spannte und schoß. Erst jetzt, eigens darauf hingewiesen, entging mir nicht mehr, daß die rechte Hand des Meisters, plötzlich geöffnet und von der Spannung befreit, zwar ruckartig zurückschnellte, aber nicht die geringste Erschütterung des Körpers hervorrief. Der rechte Arm, der vor dem Schuß einen spitzen Winkel bildete, wurde zwar aufgerissen, lief aber sanft in die Streckung aus. Der unvermeidliche Ruck war also elastisch abgefangen und ausgeglichen.

Wenn sich die Gewalt des Abschusses weder in dem scharfen Schlag der aufprallenden Bogensehne noch in der Durchschlagskraft des Pfeiles verriete, würde man sie hinter dem Vorgang des Abschießens nie vermuten.

Wie dem auch immer sei, ich übte nach den Anordnungen des Meisters fleißig und gewissenhaft, und doch war alle Mühe vergebens.

Der Meister führte das rechte Lösen des Schusses unentwegt vor; unentwegt versuchte ich, es ihm gleich zu tun – mit dem einzigen Erfolg, daß ich nur noch unsicherer wurde. Es schien mir wie dem Tausendfüßler zu gehen, der sich nicht mehr zu bewegen vermochte, seit er sich den Kopf darüber zerbrochen hatte, in welcher Reihenfolge er seine Füße rege.

Über mein Versagen war der Meister offenbar weniger entsetzt als ich selbst. Wußte er aus Erfahrung, daß es dahin kommen würde? ‚Denken Sie nicht an das, was Sie zu tun haben, überlegen Sie nicht, wie es auszuführen sei!‘ rief er mir zu. ‚Der Schuß wird ja nur dann glatt, wenn er den Schützen selbst überrascht. Es muß sein, wie wenn die Bogensehne den Daumen, der sie festhält, jählings durchschnitte. Sie dürfen also die rechte Hand nicht absichtlich öffnen!‘

Es folgten Wochen und Monate fruchtlosen Übens.“

Einmal bei einer Tasse Tee berichtete der Schüler dem Meister, daß er hoffnungslos sei, keinen Ausweg wisse.

„Sie müssen‘, erwiderte der Meister, ‚die gespannte Bogensehne etwa so halten wie ein kleines Kind den dargebotenen Finger. Es hält ihn so fest umschlossen, daß man sich über die Kraft der winzigen Faust immer wieder wundert. Und wenn es den Finger losläßt, geschieht es ohne den leisesten Ruck. Wissen Sie weshalb? Weil das Kind nicht denkt – etwa so: Jetzt lasse ich den Finger los, um dies andere Ding da zu ergreifen. Völlig unüberlegt und unabsichtlich vielmehr wendet es sich vom einen zum anderen, und man müßte sagen, daß es mit den Dingen spiele, wenn nicht ebenso zuträfe, daß die Dinge mit dem Kind spielen.

Der rechte Schuß im rechten Augenblick bleibt aus, weil Sie nicht von sich selbst loskommen. Sie spannen sich nicht auf die Erfüllung hin, sondern warten auf Ihr Versagen. So lange dem so ist, bleibt Ihnen keine andere Wahl, als ein von Ihnen unabhängiges Geschehen selbst hervorzurufen, und so lange Sie es hervorrufen, öffnet sich Ihre Hand nicht in der rechten Weise – wie die Hand eines Kindes; sie platzt nicht auf wie die Schale einer reifen Frucht.'"

Das verwirrte den Schüler noch mehr, und er grübelte pausenlos darüber, wie er das Abschießen des Pfeiles erlernen könne.

„Ich mußte dem Meister eingestehen, daß diese Deutung mich noch mehr verwirrte. ‚Denn schließlich‘, gab ich zu bedenken, ‚spanne ich den Bogen und löse ich den Schuß, um das Ziel zu treffen. Das Spannen ist also Mittel zum Zweck. Und diese Beziehung kann ich nicht aus dem Auge verlieren. Das Kind kennt sie noch nicht, ich aber kann sie nicht mehr ausschalten.‘ ‚Die rechte Kunst‘, rief da der Meister aus, ‚ist zwecklos, absichtslos! Je hartnäckiger

Sie dabei bleiben, das Abschießen des Pfeiles erlernen zu wollen, damit Sie das Ziel sicher treffen, um so weniger wird das eine gelingen, um so ferner das andere rücken. Es steht Ihnen im Wege, daß Sie einen viel zu willigen Willen haben. Was Sie nicht tun, das, meinen Sie, geschehe nicht.'

‚Sie müssen das rechte Warten erlernen.'

‚Und wie erlernt man das?'

‚Indem Sie loskommen von sich selbst, so entschieden sich selbst und all das Ihre hinter sich lassen, daß von Ihnen nichts mehr übrig bleibt als das absichtslose Gespanntsein.'

‚Ich soll also mit Absicht absichtslos werden', entfuhr es mir.

‚So hat mich noch kein Schüler gefragt, und ich weiß daher die rechte Antwort nicht.'

‚Und wann beginnen wir mit diesen neuen Übungen?'

‚Warten Sie, bis es an der Zeit ist!'

‚Sie können von einem gewöhnlichen Bambusblatt lernen, worauf es ankommt. Durch die Last des Schnees wird es herabgedrückt, immer tiefer. Plötzlich rutscht die Schneelast ab, ohne daß das Blatt sich gerührt hätte. Verweilen Sie ihm gleich in der höchsten Spannung, bis der Schuß fällt. So ist es in der Tat: Wenn die Spannung erfüllt ist, muß der Schuß fallen, er muß vom Schützen abfallen wie die Schneelast vom Bambusblatt, noch ehe er es gedacht hat.'

Trotz allem Lassen und Unterlassen gelang es mir nicht, unbekümmert zu warten, bis der Schuß fiel.“

Während eines ferienähnlichen Aufenthalts auf dem Lande kam der europäische Schüler auf einen Trick, der es

◆◆◆◆◆◆◆◆◆◆◆◆◆◆◆◆◆◆◆◆◆◆◆◆◆◆◆◆◆◆◆◆◆◆◆

möglich machte, den Abschuß des Pfeils auszuführen. Nahezu jeder Abschuß gelang glatt und unversehens. Das führte er dem Meister vor.

„Der Meister schaute mich eine Weile an und sagte dann, zögernd wie einer, der seinen eigenen Augen nicht recht traut: ‚Bitte, noch einmal!‘ Mein zweiter Schuß schien mir den ersten noch übertroffen zu haben. Da trat der Meister wortlos auf mich zu, nahm mir den Bogen aus der Hand und setzte sich, mit dem Rücken gegen mich, auf ein Kissen. Ich verstand, was dies zu bedeuten hatte, und ging."

Der Meister lehnte es ab, seinen Schüler weiter zu unterrichten, weil er versucht habe, ihn zu hintergehen. Durch Fürsprache eines Dritten wurde der Unterricht wieder aufgenommen, allerdings erst nach dem ausdrücklichen Versprechen, nie mehr gegen den Geist der „Großen Lehre" zu verstoßen.

„Er erwähnte den Vorfall mit keinem Wort, sondern sagte nur ganz schlicht: ‚Sie sehen, was es auf sich hat, im Zustande der höchsten Spannung nicht absichtslos verweilen zu können. Sie können nicht einmal im Lernen verweilen, ohne sich immer wieder zu fragen: Werde ich es auch schaffen? Warten Sie doch geduldig ab, was kommt und wie es kommt!‘ Ich machte den Meister darauf aufmerksam, daß ich schon im vierten Unterrichtsjahr stehe, und daß mein Aufenthalt in Japan von begrenzter Dauer sei.
‚Der Weg zum Ziel‘, erwiderte er, ‚ist nicht auszumessen, was bedeuten da Wochen, Monate, Jahre?‘

◆◆◆◆◆◆◆◆◆◆◆◆◆◆◆◆◆◆◆◆◆◆◆◆◆◆◆◆◆◆◆◆◆◆

‚Aber wenn ich auf halbem Wege abbrechen muß?' fragte
ich.

‚Wenn Sie wahrhaft ichlos geworden sind, können Sie
jederzeit abbrechen. Also üben Sie sich darin!'

Und so wurde wieder ganz von vorn angefangen, als sei
alles bisher Erlernte unbrauchbar geworden. Aber das
absichtslose Verweilen in der höchsten Spannung mißriet
nach wie vor, wie wenn es unmöglich wäre, aus eingefah-
renen Spuren herauszukommen.

Eines Tages fragte ich daher den Meister: ‚Wie kann denn
überhaupt der Schuß gelöst werden, wenn ich es nicht
tue?'

‚*Es* schießt', erwiderte er.

‚Und wer oder was ist dieses *Es*?'

‚Wenn Sie dies einmal verstehen, haben Sie mich nicht
mehr nötig. Und wenn ich Ihnen auf die Spur helfen
wollte, die eigene Erfahrung Ihnen ersparend, wäre ich
der schlechteste aller Lehrer und verdiente, davongejagt
zu werden. Also sprechen wir nicht mehr darüber, sondern üben wir!'

Wochen vergingen, ohne daß ich auch nur um einen
Schritt weitergekommen wäre.

Da, eines Tages, nach einem Schuß, verbeugte sich der
Meister tief und brach dann den Unterricht ab. ‚Soeben hat
Es geschossen', rief er aus, als ich ihn fassungslos anstarrte.
Und als ich endlich begriffen hatte, was er meinte, konnte
ich die jäh aufbrechende Freude darüber nicht unter-
drücken.

‚Was ich gesagt habe', tadelte der Meister, ‚war kein Lob,
nur eine Feststellung, die Sie nicht berühren darf. Ich habe
mich auch nicht vor Ihnen verbeugt, denn Sie sind ganz

unschuldig an diesem Schuß. Sie verweilten diesmal völlig selbstvergessen und absichtslos in höchster Spannung; da fiel der Schuß von Ihnen ab wie eine reife Frucht. Nun üben Sie weiter, wie wenn nichts geschehen wäre!' Erst nach geraumer Zeit gelangen dann und wann wieder rechte Schüsse, die der Meister wortlos durch eine tiefe Verbeugung auszeichnete."

Gesetzt den Fall, die Menschen der hochindustriellen Welt empfänden Verlangen nach einem nicht-tempogesteuerten Leben, so wie der deutsche Philosophieprofessor in Tokio die Botschaft des Zen erfahren wollte, stände diesen zum Umsteigen Geneigten nicht ein ähnlich langwieriges und oft entmutigendes Lernen und Üben bevor? Und ganz sicher würden auch sie Tricks und Täuschungen versuchen. Das tun die Kenner des technischen und wissenschaftlichen Fortschritts schon seit 50 Jahren. In seinem Buch „Erfolg kommt nicht von ungefähr" zeigt der Autor Dr. med. Maxwell Maltz, Psychokybernetiker, seine Methode, wie man durch „positives Denken und Handeln das Leben erfolgreich und glücklich" gestalten könne: ein Sichwegwenden von der Aktivität, das Wegwerfen aller Fesseln des bisherigen Lebens, keinen Gedanken mehr an das Morgen verschwenden und dann in der Entspannung den „Erfolgsmechanismus für sich arbeiten lassen". Das klingt verteufelt ähnlich zu dem, was der Zen-Meister fordert. Das Ziel allerdings ist der reine Gegensatz: Der Lehrer des Bogenschießens hatte gesagt: „Die rechte Kunst ist zwecklos, absichtslos." Der amerikanische Kybernetiker verspricht dem Übenden dagegen, daß er eine „Erfolgspersönlichkeit" wird, zu welchem

◆◆◆◆◆◆◆◆◆◆◆◆◆◆◆◆◆◆◆◆◆◆◆◆◆◆◆◆◆◆◆◆◆◆◆◆

Zweck? Um besser und schneller arbeiten zu können, das ist kein Abschwören von Tempo, Leistung und Nützlichkeit. Der Zen-Meister hätte sehr leicht die Mogelpackung erkannt und sich mit dem Rücken gegen die Übenden auf sein Kissen gesetzt. Der Zustand, den Herrigel bei einem geglückten Schuß beschreibt, bleibt ihnen versagt:

„Das Herz schlägt gleichmäßig ruhig weiter, und die ungestörte Konzentration gestattet ohne Verzug den Übergang zum nächsten Schuß. Innerlich aber, für den Schützen selbst, wirken sich rechte Schüsse derart aus, daß ihm zumute ist, als habe der Tag erst jetzt begonnen. Er fühlt sich nach ihnen zu allem rechten Tun und, was vielleicht noch wichtiger ist, zu allem rechten Nichtstun aufgelegt. Überaus köstlich ist dieser Zustand. Aber wer ihn hat, mahnt der Meister mit einem feinen Lächeln, tut gut daran, ihn so zu haben, als hätte er ihn nicht. Nur entschiedener Gleichmut besteht ihn so, daß er nicht zögert wiederzukommen."

Dieser Zustand stellt sich nur ein, wenn der Übende „warten" kann. Das „Warten" ist das wichtigste Thema bei der Annäherung an Zen. Warten müssen ist das Schlimmste, was einem Angehörigen der Nonstopgesellschaft passieren kann. Man kennt die Nervosität, geradezu Gereiztheit, wenn man in der Schlange steht an der Kinokasse, an der Supermarktkasse, in der Post. Niemand hat Geduld, niemand ist bereit, in Ruhe zu warten. – Als das Buch von Herrigel erschien (1948), war offenbar die Zeit bereits reif für Stops und Fermaten. Nur vier Jahre später (1952) kam in Paris das Bühnenstück „Warten auf Godot" des irischen

Autors Samuel Beckett heraus. Nichts als „Warten" ist der Inhalt des Stückes, vorgeführt von zwei Männern, die zwar miteinander sprechen, aber nichts anderes tun, als auf „Godot" zu warten. In wenigen Jahren wurde das Stück international berühmt, es traf wohl die Stimmung, mag sein die Sehnsucht vieler Menschen. Und es war nicht das erste „langsame" Buch in der Literaturgeschichte der Gesellschaft, die 1913 die Geschwindigkeit zur neuen Schönheit der Welt erklärt hatte. 1922 verstörte James Joyce die Leser mit seinem „Ulysses", wo er in vielen hundert Seiten äußerst detailliert 24 Stunden beschreibt. Ein großes Training in Langsamkeit und „Warten". Samuel Beckett verehrte Joyce als Vorbild.

Dank immer größerer Beschleunigung des Lebens sind Langsamkeit und Warten zum Ende des Jahrhunderts mindestens so spruchreif wie um 1950. Ein sehr eindrucksvoller Umsteiger, Aussteiger ist der amerikanische Schriftsteller Robert Lax. Sein Weg ist nachzulesen in „eine linie in drei kreisen. die innere biografie des robert lax" von Sigrid Hauff, 1999. Es folgen mehrere Abschnitte aus diesem Buch:
„Robert Lax, heute einer der großen Einzelgänger der amerikanischen Literatur, machte sich damals allen Widrigkeiten zum Trotz auf die Suche nach etwas, das er sich noch nicht einmal vorstellen konnte: einem für ihn sinnvollen Leben. Er notierte seine Selbstgespräche, machte erste literarische Versuche, zeichnete Karikaturen. (...)
Protest und Widerstand – das lag Robert Lax nicht. Der am 30. November 1915 in Olean im Staat New York geborene Sohn österreichischer Juden aus Krakau war eher zurück-

◆◆◆◆◆◆◆◆◆◆◆◆◆◆◆◆◆◆◆◆◆◆◆◆◆◆◆◆◆◆◆◆◆◆◆◆◆◆

haltend und in sich gekehrt. Er mußte grundsätzliche existentielle Fragen lösen – vor denen eines sicheren Jobs. Ab 1934 studierte Lax an der Columbia-Universität in New York englische Literatur. (...)

Wieso – so fragte er sich – sollte ein junger Kerl wie er nicht eine schöne Landstraße entlangspazieren und nichts, gar nichts fühlen außer einer in Erinnerung gerufenen Verwandtschaft mit Bäumen, Würmern, Vögeln, dem Himmel und dem Geruch nach Asphalt? Warum sollte ein gerade erst 25 Jahre alter Typ wie er, der die normale Schule und das College durchlaufen hat, der ab und zu arbeitete, ab und zu bummelte und wieder arbeitete, nämlich Briefe schrieb in einem blöden Job, warum sollte einer wie er sich absolut wertlos fühlen, nur weil er, wenn er seine Hände anschaut, weiß, daß sie nicht geschickt genug sind zu irgend etwas außer vielleicht zum Zeichnen oder Schreibmaschine schreiben, also zu etwas, was man allenfalls zu seiner bescheidenen persönlichen Befriedigung macht oder weil vielleicht jemand kauft, was man zeichnet oder schreibt, aber nicht, offensichtlich nicht, weil irgend jemand es jeden Tag braucht und danach verlangt. (...)

Trotz brennender Fragen nach dem Warum und Wohin im Leben blieb es Robert Lax nicht erspart, Jobs zu suchen. Am 1. September 1947 notierte er in sein (1996 erschienenes) Hollywood-Tagebuch, er sei immer noch dabei, seine Ausbildung zu verdauen. Auch mit 31 sei er noch am Beobachten und versuche dabei, Vergleiche zu ziehen zwischen dem, was er gesehen und dem, was er gelesen habe, dem, was er für wahr halte und dem, was andere zu glauben schienen. (...)

◆◆◆◆◆◆◆◆◆◆◆◆◆◆◆◆◆◆◆◆◆◆◆◆◆◆◆◆◆◆◆◆◆◆◆◆◆

Warten. Suchen. Nichtstun ... Weniger nobel erscheint ihm
die eigene Bereitschaft, Geschenke anzunehmen, um
diese Zeiten des Nichtstuns ausdehnen zu können oder
um in Muße eine passende Beschäftigung zu suchen.
Dazu gehörte auch die Bereitschaft, einen Job aufzugeben,
wenn er ihm sinnlos erschien; von einem Schreibtisch
wegzulaufen, wenn ihn ein heiterer Tag nach draußen rief.
(...)
1948 feiert Robert Lax mit dem Circus Cristiani in Florida
Weihnachten. Er war, als der Zirkus in New York gastierte,
hingerissen und fasziniert gewesen vom so ganz anders-
artigen Artistenleben in einer familiären, überschaubar
kleinen Welt. (...) Was ihm am Zirkus gefällt? Daß der Zirkus nichts anderes sein will als das, was er ist, während
Literatur, Malerei, Musik und selbst Ballett nicht selten nur
als Mittel und Vehikel gebraucht werden für ganz andere
Zwecke. (...) Noch ist Lax voller Widersprüche. Hin- und
hergerissen zwischen dem Wunsch, aktiv etwas zu voll-
bringen und der Sehnsucht nach Kontemplation. Oder
das eine und das andere, das eine am Tag, das andere
nachts? (...)
Zirkus ist für Lax eine im Kleinen verwirklichte Utopie
unserer Welt. Lax begreift aber auch die Ausnahmestel-
lung des Künstlers, des Akrobaten in einer Welt, die dazu
verdammt ist, ihr Brot im Schweiße ihres Angesichts zu
verdienen, lernt die Freiheit der wenigen schätzen, die wie
die Lilien auf dem Felde leben." (...)
Dazu sagt Lax: „Träume, Utopien haben Kraft. Sie zähmen
Löwen und schlagen Wege in den Dschungel ... Sie erfin-
den neue Paradiese ... wir, die wir am Tag von Stadt zu
Stadt ziehen, tragen Eden in unserem Zelt mit uns und

❖❖❖❖❖❖❖❖❖❖❖❖❖❖❖❖❖❖❖❖❖❖❖❖❖❖❖❖❖❖❖❖❖

bringen seine Wunder zu Kindern, die ihren Traum von
Heimat verloren haben." (...)

„Er verarbeitet seine Erfahrungen zu einem ersten Buch
mit dem Titel ‚Circus of the Sun', das 1959 in New York
erscheint. (...) Den Punkt zu finden, in dem Leben und
Kunst sich berühren, stellt sich Robert Lax bis heute zur
Aufgabe. Er trifft ihn immer wieder auf seinem Weg als
meditativer Wanderer durch eine unruhige Welt, und es
gelingt ihm, kindlich-spielerisch, und doch bewußt und
voller Ernst, diesen Moment der vollkommenen Übereinstimmung in seinen Gedichten festzuhalten in klaren,
einfachen Worten.

Lax wirft Ballast ab, Wortballast – nach James Joyce' Empfehlung, man solle schreiben, als ob man ein Telegramm
schicken wolle und jedes Wort Geld koste. (...) Aber auch in
seinem Alltag versucht er, diesen Leitgedanken zu verfol-
gen. Doch Besitzlosigkeit paßt nicht in eine moderne
Großstadt, Wunschlosigkeit steht in absolutem Widerspruch zu dieser Welt, in der Konsum alles ist. Außerhalb
der Zeit zu leben will nicht gelingen in New York. Die
Stadt belastet, stört. (...)

1951 Paris

Lax reist von Paris weiter nach Marseille. Entschlossen, für
den Frieden zu arbeiten, verschenkt er alle unnötige Klei-
dung an zwielichtige Gestalten.

1952 Rom

Zum ersten Mal in seinem Leben hat er keinen Groschen
mehr in der Tasche, nachdem er die letzten ausgegeben
hat für ein Telegramm nach Paris mit der Bitte um Geld

◆◆◆◆◆◆◆◆◆◆◆◆◆◆◆◆◆◆◆◆◆◆◆◆◆◆◆◆◆◆◆◆◆◆

(das dann nicht eintraf). Der chilenische Maler Matta über-
läßt ihm nachts sein Atelier in der Via Margutta 17 zum
Schlafen. Die Tage verbringt Lax mit Warten. Wartet er auf
ein Wunder, das seine finanzielle Notlage ändern würde?
Auf den auf Plakaten angekündigten Zirkus? Er sitzt, bar-
fuß in den Schuhen, auf der spanischen Treppe und wartet, und er schreibt über das Warten. Er bemerkt, wie wichtig eine Tätigkeit wie Warten in seinem Leben ist, warten
und suchen. Das ist es, was er neben allen anderen Tätigkeiten immer tut. Zwar ändert sich die Art des Wartens
von Zeit zu Zeit und je nach Lebensabschnitt, aber im
Warten, sagt Lax, wird man sich seiner selbst bewußt. Man
erfährt dabei etwas über sich selbst – eine Erfahrung, die
man nicht vermitteln kann, die jeder für sich selbst
machen muß.

Das Zirkustagebuch ‚Rom' ist, wie ‚Die Reise nach Pescara',
bislang nicht veröffentlicht.

Robert Lax selbst hat sich nirgendwo für immer niederge-
lassen. Er hat seinen Koffer immer gepackt.

Auch nachdem er 1964 endgültig New York den Rücken
gekehrt und sich nach Griechenland zurückgezogen
hatte, wechselte er immer wieder den Ort, die Insel, das
Haus. Doch wenn ein Zirkus nach Athen kam, nahm er
die Beschwerlichkeit einer zwölfstündigen Schiffsreise auf
sich und verbrachte seine Tage mit den Zirkusleuten.
Überall trifft er auf alte Freunde.

Robert Lax verweigert sich seit langem den Aufforderun-
gen unserer hektischen Welt zur Beschleunigung. Schon
lange vor Virilios kritischer Auseinandersetzung mit der
Geschwindigkeit setzte er sein ‚slow down' gegen das
Tempo und die Betriebsamkeit der modernen Großstadt,

entschlossen, die Hektik nicht mitzumachen. Ganz bewußt, aber auch nur ganz privat, leistete er Widerstand, war Sand im Getriebe. Sein Leben lang hat er geradezu trainiert, alles möglichst langsam zu machen.

Durch diese bewußte Langsamkeit gelang es dem Dichter, in seinen wortkargen Gedichten, Episoden, Fabeln und Tagebuchaufzeichnungen eine Unzahl kostbarer Momente einzufangen, Momente außerhalb der Zeit, außerhalb unserer Zeit, blitzende Partikel eines unsere Zeit übergreifenden Kreislaufs, die – und das ist für Leser und Hörer das Überwältigende – immer und jederzeit für alle und jeden abrufbar sind. ‚Portraits of a moment‘, Momentaufnahmen, könnte man viele der Gedichte und Aufzeichnungen von Robert Lax überschreiben.

Damals hatte sich Robert Lax längst schon auf die Suche gemacht nach jenen Momenten außerhalb der Zeit, die so stark sind wie jener in einer Regennacht, an den er sich zu Beginn seiner poetisch-fantastischen Autobiographie ‚21 pages – 21 seiten‘ erinnert und über den sich eigentlich gar nichts Besonderes sagen läßt:

Er stand im Regen, nachts, auf der Straße, unter dem Licht einer Laterne. Völlig allein. Eins mit dem Augenblick, ganz Regen. Er, der so viel und alles hinterfragte, hatte plötzlich keine Fragen mehr. Ein unvergeßlicher, starker Moment, in dem alles unwichtig wurde, auch die Zeit. Er wußte, wo er stand und was er tat. Trotzdem war eigentlich nichts Besonderes geschehen ...

Diese Augenblicke der inneren Ungespaltenheit, in denen unser Bewußtsein aufhört, Beobachter zu spielen und nicht mehr sogleich kritisiert, bewertet und einzuordnen versucht, was geschieht, sind so beeindruckend, daß Dich-

◆◆◆◆◆◆◆◆◆◆◆◆◆◆◆◆◆◆◆◆◆◆◆◆◆◆◆◆◆◆◆◆◆◆◆◆◆◆

ter aller Zeiten sie als großartige Erlebnisse poetisch festzuhalten versuchten. (...)

In die Stille hineinhören ohne Angst vor Leere – bei
Mystikern und in fernöstlichen Religionen ist das
Methode. Stille spricht, eloquente Stille ist für sie kein
Widerspruch in sich. Es ist die Kommunikation mit
dem Universum, die Stille bewirkt, oder umgekehrt.
Menschen, die diese mystische Erfahrung des Einsseins
mit dem Kosmos zufällig machen, haben oft – wie Robert
Lax – ein ganz natürliches Bedürfnis, diese Augenblicke
außerhalb von Zeit und Raum immer wieder aufzuspü-
ren. Das dichterische Werk von Robert Lax zeugt von diesen Erfahrungen. (...) Traumsicher in Bilder umgesetzte
Realität. Bilder, die eine innere Entwicklung nachzeichnen
und mit der äußeren Wirklichkeit von Robert Lax nur
indirekt zu tun haben. Eine innere Biografie. (...) Er gab
diese Jobs auf, denn er fand nicht, was er zu finden hoffte.
Die Suche ging weiter ... intensiver sogar in den Monaten
des Fastens und der Entbehrung, die folgten. Das Bett war
weg, aber die ganze Welt war sein Strohsack. Wo er auch
schlief, oder nicht schlief, war jetzt sein Revier. Er habe
vergessen, wie viele und was für Plätze er fand: Alles
wurde zum Unterschlupf. (...) Sein Leben ändert sich täglich. Er verdrängt nichts, ist nicht auf der Flucht, sondern
auf dem Weg hin zu dem für ihn Wesentlichen, und das
steht außerhalb der Zeit. Angesichts unserer Vergänglich-
keit hat er sein Leben so eingerichtet, daß der Gegenwart
das Gewicht zukommt, das sie verdient.

Robert Lax war knapp 50 Jahre alt, als er sich 1964 von
New York verabschiedete und sich auf die griechische
Insel Kalymnos zurückzog.

◆◆◆◆◆◆◆◆◆◆◆◆◆◆◆◆◆◆◆◆◆◆◆◆◆◆◆◆◆◆◆◆◆◆◆◆◆◆◆

Das hektische New York war immer enger und bedrückender geworden. Was hielt ihn noch in New York? New Yorker Fragen waren nicht seine Fragen, und New Yorker Antworten waren die Antworten, die er zuletzt hören mochte. Er hatte das Gefühl, daß er alle Fragen und Antworten der Stadt schon kannte, und er hatte sie über. Nichts, was die Menschen dort zu sagen hatten, betraf ihn noch in irgendeiner Weise. (...) Die ersten Jahre lebte er auf Kalymnos. Verschiedene Wohnungen, einfache Häuser mit Kerosinlampen und ohne fließendes Wasser. (...) Die Menschen auf der Insel sind anders, stellte er fest: Sie leben nur. Und er? fragt er sich. Lebt er nicht auch nur? Er weiß es nicht. Sie jedenfalls sind anders – sie tun nichts anderes als leben. (...) Gefragt, was er ändern würde in der Welt, aus der er kommt, antwortet er lapidar: alles. (...) Zen-Erfahrungen klingen an. (...) Suzuki zählt Lax zu seinen geistigen Lehrmeistern, Basho und Dschuang Dsi zu seiner Lieblingslektüre.

Der Geist des Zen – absoluter Ernst und gleichzeitig humorvoller Abstand zu allen ernsten Anliegen – kommt in vielen Gedichten und Texten zum Ausdruck. (...) Und sein Ziel ist, für sich selbst zu schreiben. Die Sprache oder die Sprachen zu gebrauchen, die er kennt, um Dinge klar auszudrücken, für sich selbst, wenn er mit sich selbst spricht. (...)

Es kommt ihm nicht darauf an, unbedingt etwas Neues zu sagen:

Neu sei, so schreibt Lax am 14. April 1973 in sein Tagebuch, daß er es mit seinen eigenen Worten sage oder mit den einzigen Worten, über die er verfüge. (...) Statt Psychoanalyse und selbstquälerischer Selbstkritik: Gelassenheit. Das

◆◆◆◆◆◆◆◆◆◆◆◆◆◆◆◆◆◆◆◆◆◆◆◆◆◆◆◆◆◆◆◆◆◆◆◆

ist Befreiung und Beruhigung zugleich. (...) Er gibt sich
dem Augenblick hin und denkt nicht als erstes darüber
nach, was gerade passiert. (...)

Robert Lax hat sich nie ganz von der Welt abgewandt.
Er beobachtet das Weltgeschehen aus der Ferne, hält sich
– durch die BBC, die er auf einem winzigen Transistor-
radio empfängt – auf dem Laufenden.

Viele junge Menschen fühlen sich zu ihm hingezogen.
Für sie bedeutet seine Ruhe Halt in der Unrast unserer Zeit
und Robert Lax mit seinem Leben und Schaffen eine
Alternative, die noch so etwas wie Hoffnung birgt.

Diese Alternative steht jedem überall offen. Aber sie ist
nicht beliebig. Sie verlangt Verzicht und Disziplin. (...)

Lax sieht im Universum eine positive Kraft wirken, auf die
er vertraut. Kontemplative Menschen aller Religionen
sind sich ähnlich, sagt Lax. Dogmen zählen für sie nicht, so
können sie ihre Erfahrungen, ihre Technik und ihr Wissen
austauschen und verstehen sich. Es ist, als ob ihr Inneres
sich wirklich nur bereithält und empfänglich ist für die
ruhige Verständigung mit dem Universum.

Dieser Kraft verdankt er seine Sicherheit und vor allem
auch sein Lachen, das keiner vergißt, der ihm begegnet
ist. (...)

Jeder, der an sich selbst arbeitet – und das bedeutet ihm
sein Schreiben – arbeitet an der Verbesserung der Welt. In
diesem Sinn ist er (...) revolutionär: indem er Veränderungen in Gang setzt, ganz einfach dadurch, daß er so ist, wie
er ist.

Frieden lehren kann man nur, wenn man Frieden lebt,
sagt Lax. Seine natürliche Religiosität integrierte er in sein
Leben und Schaffen, Kunst, so wie er sie versteht, als

◆◆◆◆◆◆◆◆◆◆◆◆◆◆◆◆◆◆◆◆◆◆◆◆◆◆◆◆◆◆◆◆◆◆◆

innere Disziplin mit Anspruch auf Reinheit, hat die Funktion von Religion.

Er will kein Philosoph sein, strebt vielmehr zurück in den Zustand eines Kindes, das in seinem ernsten Spiel noch nicht ,unterbrochen' wurde durch Zwänge und Einflüsse von außen. (...)

Keine Tricks, keine spezielle Technik, nichts als die Mittel, über die der menschliche Geist verfügt, um sich auf Dauer zu schützen und zu bewahren. Lax war, wie er sagt, eher an Psychologie interessiert als an Theologie. Es ging ihm darum, überhaupt einen Zugang, eine Haltung zum Universum zu finden. (...)

Ein weiser alter Mann, für den der Alltag zur mystischen Reise um die eigene Achse geworden ist: immer unterwegs und an jeder Stelle des Weges auch am Ziel.

Auf die Frage, ob er zu uns spreche oder ob er Selbstgespräche führe, antwortet er: Ich führe Selbstgespräche, aber ihr könnt zuhören."[59]

Die Zukunft lernen. Oder: Empfehlungen für die Umsteigewilligen

„Überprüfen Sie doch mal das, was ich die ,kleinen Siege des Alltags' nenne: Ich meine, die Befriedigung, die man erfährt, wenn man an der auf ,Grün' schaltenden Ampel als erster startet, oder das Erfolgserlebnis, das man hat, wenn man kurz vor der Kasse im Kaufhaus, auf der Bank, am Skilift oder auch am Eingang eines Hotels noch jemanden überholt, der jetzt hinter einem steht. Ich meine auch das wohlige Gefühl, das sich breit macht, es noch nach der

◆◆◆◆◆◆◆◆◆◆◆◆◆◆◆◆◆◆◆◆◆◆◆◆◆◆◆◆◆◆◆◆◆

Warnung des U-Bahn-Schaffners ‚Zurückbleiben bitte'
halb eingeklemmt geschafft zu haben, das in kurzen
Abständen fahrende Verkehrsmittel erreicht zu haben. Ja,
man hat es geschafft – aber ist man nicht auch geschafft?
Durch Eile, durch Hetze wird man schneller fertig – im
doppelten Sinn, das darf man nicht vergessen. Die ‚kleinen Siege des Alltags' stellen sich häufig als Niederlagen
heraus, wenn man die Folgen berücksichtigt. Und allen,
die immer wieder die Zeit für wertvoll halten, denen
möchte ich es gönnen, bei einem guten Essen zu erleben,
daß Zeit eben nicht wertvoll, sondern im eigentlichen
Sinne des Wortes kostbar ist."[60] Das ist schwer, selbst wenn
man willens ist umzusteigen:

„Wir müssen wohl erst wieder ganz von vorn lernen, still-
zusitzen, den Händen und Augen Einhalt zu gebieten,
auch mal für Minuten und mehr ohne Radio oder Fernse-
hen auszukommen, uns ganz auf uns selber zu konzentrieren und uns mit uns selbst genug zu sein. Nicht die
Langeweile ist das Problem, sondern unsere Ungeduld,
ihr zu entkommen; nicht der Stillstand der Zeit, sondern
unsere Unfähigkeit, stillzustehen und ihm standzuhal-
ten."[61]

„Was tun? Eine kurze Antwort: Nütze den Tag. Aber wie?"

„... ein Ratschlag aus der Schweiz: Planen Sie Ihren Tag wie
ein Stück Emmentalerkäse: viel Festes und große Löcher
für all das, was man nicht planen kann und will."[62]

Wie radikal möchten Sie umsteigen? So total wie Robert
Lax? Bis Sie ab und zu keinen Groschen mehr in der
Tasche haben? Keine Frage, daß in unserem Wirtschafts-
gefüge nur wenige Menschen über ihre Zeit verfügen
können ohne Folgen auf dem Konto. Allerdings zeichnet

◆◆◆◆◆◆◆◆◆◆◆◆◆◆◆◆◆◆◆◆◆◆◆◆◆◆◆◆◆◆◆◆◆◆◆◆◆

sich ein neuer Trend ab: 30 Prozent aller Beschäftigten sind bereit, mit weniger Geld nach Hause zu gehen, wenn sie kürzer arbeiten dürfen. Was machen sie mit der entstehenden Freizeit? Langeweile?

Dazu meint Karlheinz A. Geißler:

„Wir unterscheiden uns häufig nur mehr durch unsere unterschiedliche Art, hektisch zu sein. Wir suchen gefüllte statt erfüllte Zeit. Selbst die viel beklagte Langeweile ist nichts anderes, als die andere Seite der Hektik, die Leere nämlich, gerade einmal nicht so rasch produzieren und konsumieren zu können, wie man es gewohnt ist."[63]

Und noch etwas prinzipieller: „Letztlich ist der Umgang mit der Zeit eine Frage der Lebenswerte. Und aufs Ökonomische bezogen, der Produktivität. Und die interessante Frage, die leider in Zeitmanager-Seminaren nicht behandelt wird, heißt: Was ist für unser Leben produktiv? Wenn Sie wollen, ist das eine Frage, die in der Unternehmenskultur eine Teilantwort finden muß. Und es ist eine Frage unserer gesellschaftlich geformten Lebenskultur. Hier nämlich liegt der größte Irrtum der Zeitmanager. Sie gehen von der Illusion aus, man könnte souverän über seine Zeit innerhalb eines hochvernetzten Systems bestimmen."[64]

Und früher?

„Mit den Hühnern ging man früher schlafen und stand auch beim ersten Hahnenschrei wieder auf. Man versuchte nicht, wie heute, mit Hilfe von künstlichem Licht, den Schlaf der Hühner zu reduzieren, um ihnen vielleicht anstatt einem zwei Eier abzuringen; man orientierte sich an den Hühnern und auch am eigenen Körper. Nebenbei: Das ‚dumme Huhn' ist eine Erfindung der Beschleunigungsgesellschaft. Unter Zeitaspekten sind Hühner eher klüger als Menschen. Sie richten sich an den Naturrhythmen aus. So z. B. machen sie im Sommer – und nur im Sommer, weil da die Tage länger sind – einen Mittagsschlaf. Von den Chronomedizinern wird die Nützlichkeit des Mittagsschlafs heute auch wieder für den Menschen entdeckt. Ich bezweifle jedoch, ob dies zu einer Renaissance der Siesta-Kultur führt."[65]

„Auch die Ordensregeln des heiligen Benedikt berücksichtigen die Naturrhythmen, insbesondere bei der traditionellen mittäglichen Ruhepause im Sommer, die die jahreszeitlich bedingte kürzere Dauer der Nacht ausglich. Als ‚Siesta-Kultur' war sie auch außerhalb des Klosters üblich. Noch heute wird sie im Mittelmeerraum praktiziert."[66]

Die Erfindung von Uhren veränderte den Lebensablauf: „In der größten antiken Stadt des Abendlandes, in Rom, waren bereits riesige Sonnenuhren angebracht, der Zeiger der größten kann noch heute vor dem italienischen Parlament besichtigt werden. Seneca bereits klagte über den ‚Mangel an Zeit'. Horaz moserte: ‚In der Stadt ist alles Unruhe.' Trotzdem wurde in Rom jemand, der schnell lief, für verrückt erklärt. Man schritt (besonders in jenen Kreisen, die etwas zu sagen hatten). Man lief nicht."[67]

Seit dem Glaubensbekenntnis der Puritaner, daß „Geschwindigkeit die Seele der Geschäfte" sei, sind wir in Nord- und Mitteleuropa wie auch in den USA beim Gegenteil angekommen:

„Zeitknappheit ist zum unverzichtbaren Statusmerkmal jener geworden, die als die ‚Oberen' angesehen werden bzw. sich dort gerne sehen lassen würden (ganz im Gegenteil zu früheren Zeiten)."[68]

◆◇◆◇◆◇◆◇◆◇◆◇◆◇◆◇◆◇◆◇◆◇◆◇◆◇◆◇◆◇◆◇◆◇◆◇◆

Geißler macht konkrete Vorschläge:

„Wir könnten z.B. wieder mehr Pausen machen, Pausen, die nicht nur Unterbrechungen sind, die vielmehr Möglichkeiten der Verarbeitung und der Neuorientierung sind. Pausen könnten so ‚Planungslöcher' werden, die mehr sind als nur Verführungen zum raschen Konsum. Pausen – die auch Pausen der Stille sind.

Richtiger Wohlstand ist immer auch Zeitwohlstand, und dieser wiederum zeichnet sich durch einen Pausenwohlstand aus. Zeitwohlstand haben wir dann, wenn wir verfügbare Zeit haben, über die nicht verfügt wird. Es ist die Zeit des ‚Unnützen', jene Zeit, in der man nicht aufs Nützliche schaut, die nicht mit ‚nützlicher' Beschäftigung ausgefüllt wird und eben gerade deshalb nützlich ist. Dazu gehört viel lange Weile und ein langer Atem, denn nur dann wird es uns nicht langweilig und nur dann werden wir nicht Atem-los.

Ich will noch konkreter werden und einige Vorschläge machen: (...)

*   Einführung eines Menschenrechts auf's persönliche Tempo oder
*   die Durchforstung und Überprüfung aller Gesetze und Gesetzesvorhaben auf deren unentdeckte Beschleunigungswirkung für das gesellschaftliche Leben; oder
*   die Einführung einer Pflicht zu zeitökologischen Ausgleichsmaßnahmen bei beschleunigungsförderlichen Entscheidungen. Wir haben eine solche Pflicht bereits bei Schäden an der äußeren Natur (bei Straßenbaumaßnahmen z.B.), wir brauchen sie aber auch für Schäden an der inneren Natur.

❖❖❖❖❖❖❖❖❖❖❖❖❖❖❖❖❖❖❖❖❖❖❖❖❖❖❖❖❖❖

Wie wärs mit einer Kompensationsverpflichtung (z. B. die Finanzierung von Ruhezonen) bei der Erteilung von Betriebsgenehmigungen für Fast-food-Restaurants, oder wir könnten die Maschinenlaufzeiten besser an die Rhythmen menschlicher Natur anpassen. Das hieße z. B. langsamer laufende Maschinen während der Nachtarbeit. Das setzt voraus, daß wir unsere Effizienzkritierien überprüfen und gegebenenfalls revidieren. Nicht das, was schnell ist, ist immer effizient, sondern auch das, was die Menschen und die Natur schont, das, was entlastet und den sozialen Zusammenhang fördert. Dann auch würde es nicht mehr nur als Störung erlebt, wenn der Mensch krank wird, wenn er altert, wenn er müde oder abgelenkt ist. Und es störte auch nicht mehr, wenn er träumt oder wegen akuter Verliebtheit vorübergehend einen etwas ungewöhnlichen Lebensrhythmus hat."[69]

Stellt man in diesem Zusammenhang die Frage nach der Politik, dann wird es sehr hart. Eine alte Legende erzählt: Im antiken Rom kommt eine Frau zu Kaiser Hadrian, um ihm eine Bitte vorzutragen. Sie wird von ihm abgewiesen, weil er keine Zeit habe. Darauf entgegnet sie: „Wenn du keine Zeit hast, solltest du nicht Kaiser sein." Modern gesprochen heißt das:
„Auch die Politik sollte sich Zeit nehmen fürs Innehalten. Der frühere Ministerpräsident von Schleswig-Holstein, Björn Engholm, wollte aus diesem Grund in seinem Kabinett einen Wochentag von Dienstgeschäften freihalten und ganz der Reflexion widmen. Die flächendeckende Einführung regelmäßiger Klausurwochen und Sabbatjahre wäre eine weitere zeitpolitische Maßnahme. Ähnlich

147

würden sich all jene Maßnahmen auswirken, die dem besseren personellen Austausch zwischen Mandatsträgern bzw. Amtsinhabern einerseits und den Bürgern andererseits dienen, die also eine rhythmische Verbindung zwischen politischen und privaten Aktivitätsphasen herbeiführen könnten. Ohne solche Reflexionsphasen finden Menschen nur schwer jene Distanz, die nötig ist, um über den Tellerrand der Augenblickszwänge hinauszuschauen."[70]

Welche Partei wird sich stark machen, dafür Wahlplakate aufzuhängen? Zur Zeit gibt es dazu noch keine Mehrheit. Die einzelnen müssen es angehen, wie in vielen anderen Bereichen. Das stimmt hoffnungsfroh, denn die einzelnen haben den Wind von morgen in der Nase, und sie brauchen keine Rücksicht zu nehmen auf einen schwerfälligen Apparat, der sich nicht stoppen läßt, der noch weiter rast, selbst wenn er ein Unglück verursacht hat.

Das augenblickliche Industrie- und Wirtschaftssystem wird mehr und mehr ein Verlustgeschäft durch die Fehler, die den Beschäftigten unterlaufen. Ein Fehler bei der Aufsicht eines Atomkraftwerks, und ein Super-Gau steht bevor. Was nützt es, Fehler zu verbieten und zu bestrafen? Der entstehende Schaden, meistens eine Katastrophe, trifft sehr viele Menschen, die es zu schützen gilt. Wie wäre das möglich? Mit dem Aufbau eines Systems, in dem Fehler geschehen dürfen. Soviel Spielraum muß sein. Das könnte soweit entspannen, daß sich die Anzahl der Fehler verringert. Dasselbe gilt für die Pünktlichkeit:

„Westlund (...) beschreibt den Erziehungsprozeß, der Pünktlichkeit zum Ziel hat, als Phasenfolge mit acht Lektionen:

◆◆

Lektion 1:   Lerne, die Uhr zu lesen!
Lektion 2:   Lerne, pünktlich zu sein!
Lektion 3:   Unterdrücke eigene Pläne /
              verschiebe Vergnügungen!
Lektion 4:   Setze (Uhr-)Zeit als gegeben voraus!
Lektion 5:   Verwende Zeit zur Ordnung des Alltags!
Lektion 6:   Wisse, daß Pünktlichkeit eine Tugend ist!
Lektion 7:   Zeit ist wertvoll! Behandle Zeit als Geld!
Lektion 8:   Habe den Wunsch nach mehr Zeit,
              um mehr erledigen zu können!

Durch diesen Erziehungsprozeß ist die Pünktlichkeit, die übrigens häufig mit Zuverlässigkeit verwechselt wird, zu einer der grundlegenden modernen Tugenden geworden."[71]

Pünktlichkeitsmoral gehört der Vergangenheit an.

„Kalkulierte und kalkulierbare Unpünktlichkeit tritt an die Stelle der ehemals moralisch hoch aufgeladenen Pünktlichkeitserwartung. Das ‚Nicht-pünktlich-Sein' ist schon allein deshalb kein strafwürdiger und verachtenswerter Tatbestand mehr, weil das Zuspätkommen in einer sich immer rascher verändernden Welt zum Normalzustand wurde. Kommen aber alle immer häufiger zu spät, läuft die Pünktlichkeitserwartung leer. Sie wandelt sich zur immerwährenden Hoffnung, früh genug zu spät zu kommen.

Unpünktlichkeit schließt nicht nur Kooperationschancen aus, sie eröffnet auch neue. Überall dort, wo detaillierte zeitliche Planung im Arbeitshandeln nur in geringem Umfang möglich ist, ist die Pünktlichkeitserwartung sinnlos. Dagegen sind dort Fähigkeiten gefragt, die es ermöglichen, sich in zeitlicher Offenheit zurechtzufinden.

◆◆◆◆◆◆◆◆◆◆◆◆◆◆◆◆◆◆◆◆◆◆◆◆◆◆◆◆◆◆◆◆◆◆◆◆◆◆

Heute ist IBM ein Vorreiter der Flexibilisierung sowohl bei den Produkten als auch bei der eigenen Arbeitsorganisation. Im Rahmen der geforderten Umstellungen auf flexible Verhältnisse liegen die Probleme viel eher dort, wo man mit den hinderlichen Spätfolgen der Pünktlichkeitserziehung zu tun hat. Umerziehung ist also angesagt."[72]

Wo immer man das Leben der Industriegesellschaft unter die Lupe nimmt, stößt man auf Kritikwürdiges, soweit es um den Menschen geht. Die aktuelle Situation ist historisch total neu. Eine Tageszeitung formulierte das so: „Was sich 1780 und 1880 mit zeitlichen Verwerfungen in der alten Welt abspielt, läßt sich in seiner Tragweite nur noch mit der Seßhaftwerdung des Menschen vor rund 8 000 Jahren vergleichen. Die große Umwälzung des 19. Jahrhunderts schickt die Bauern als Arbeiter in die überall entstehenden Fabriken. Im Takt der Dampfmaschine wandeln sich ganze Landstriche zu Industriegebieten, qualmende Schlote säumen den Weg des Fortschritts."[73]

Diese Veränderung oder Entwicklung ging vor sich wie im Rausch, jedenfalls ohne Blick auf die beteiligten Menschen und das, was sie leisten können und was man ihnen zumuten kann. Erst zum Ende des 20. Jahrhunderts, also mehr als 200 Jahre nach dem Start der industriellen Revolution, beginnt ein Erwachen aus der Narkose.

Martin Held und Klaus Kümmerer äußern sich dazu:

„Klingt das bisher Ausgeführte nicht (allzu) sehr nach nostalgischem Zurück zu den ‚guten alten Zeiten‘, in denen noch die Rhythmen des Lebens beachtet wurden? Oder nach ‚Mit Volldampf zurück in die Zukunft‘. Dies ist ein naheliegendes, aber grundlegendes Mißverständnis. Unsere derzeitige Situation wird mit einer derartigen

◆◆◆◆◆◆◆◆◆◆◆◆◆◆◆◆◆◆◆◆◆◆◆◆◆◆◆◆◆◆◆◆◆◆

Sichtweise verkannt und noch nicht angemessen verstanden.

In unserem Umgang mit den Zeiten geht es nicht um ein ‚Zurück‘, sondern um die Bewältigung einer historisch völlig neuartigen, sich erstmalig stellenden Aufgabe!"[74]
Wir müssen „Die Zukunft lernen".

„Wenn sich die soziale Ordnung und mit ihr die zeitliche rascher verändern, dann veralten die Eltern und alle Personen, die in unübersichtlichen Situationen ehemals für den notwendigen Überblick sorgten, mit gleicher Geschwindigkeit: Sie kennen sich nicht im Internet und auch nicht im Cyberspace aus. Die Folge: Jedermann muß selbst herausfinden, was gut und sinnvoll ist – und jede Frau ebenso. Aber niemand kann es alleine."[75]

Können wir noch langsam lesen?

In der Süddeutschen Zeitung fand sich 1997 ein Artikel von Peter Buchka zu dieser Frage.[76] Er konzentriert sich auf Marcel Proust (1871–1922). Es heißt da:

„Zum Beispiel Proust: Die Kapitulation vor der Komplexität.
Längst ist allen prozessualen Verläufen der Prozeß gemacht. Die zum Informationsvehikel reduzierte Sprache, die auch jenseits der verkehrsregelnden Piktogramme im Grunde schon längst ein Zeichensystem geworden ist, hat jeden Sachverhalt so beschleunigt, daß dem Verhalt eigentlich die Sache selbst schon ausgetrieben ist. Die Frage ist sowieso, ob es überhaupt noch von

◆◆◆◆◆◆◆◆◆◆◆◆◆◆◆◆◆◆◆◆◆◆◆◆◆◆◆◆◆◆◆◆◆◆◆◆◆

Belang ist, welche Antworttaste man drückt. So werden die Gameshows zum Symbol: Wenn schon Schwachsinn, dann wenigstens ein schneller.

Dermaßen von der Gegenwart konditioniert, fühlt man sich notgedrungen in den endlos gedehnten Augenblicken von Prousts Sätzen wie auf einem fremden Stern. Hier ruht etwas in sich – immerhin eine versunkene Welt –, ohne ein anderes Ziel zu haben als das Verständnis seiner selbst. Weder kann man sich als Leser zwischen Ja und Nein entscheiden noch gedankenspielerisch in die damalige Gegenwart eingreifen, um wie ein Terminator die Zukunft (unsere Gegenwart) zu beeinflussen."

An dieser Stelle soll ein Abschnitt aus dem berühmtesten Buch von Proust „A la recherche du temps perdu" (Auf der Suche nach der verlorenen Zeit, 1913) vorgestellt werden:

„Meine Reise nach Balbec war wie der erste Ausgang eines Genesenden, der nur noch auf diesen gewartet hat, um sich geheilt zu fühlen.

Diese Reise würde man heute gewiß im Automobil machen und dabei glauben, es sei angenehmer. Man wird sehen, daß sie auf diese Weise in gewissem Sinn sogar wahrer würde, da man aus größerer Nähe und in engerer Fühlung damit den allmählich sich vollziehenden Veränderungen folgen könnte, gemäß denen das Antlitz der Erde sich wandelt. Im Grunde aber besteht das spezifische Vergnügen einer Reise nicht darin, unterwegs aussteigen und haltmachen zu können, wenn man müde ist, sondern den Unterschied zwischen Abreise und Ankunft statt möglichst unmerklich so tiefgreifend wie irgend tunlich zu machen, ihn in seiner Ganzheit zu erfahren, wie

❖❖❖❖❖❖❖❖❖❖❖❖❖❖❖❖❖❖❖❖❖❖❖❖❖❖❖❖❖❖❖

wir ihn, noch ganz intakt, in unseren Gedanken trugen, als unsere Einbildungskraft uns von jenem Ort, an dem wir lebten, bis ins Herz jener ersehnten Stätte in einem gewaltigen Schwung trug, der uns wunderbar nicht deshalb schien, weil er eine Entfernung durchmaß, sondern gerade weil er zwei deutlich unterschiedene Individualitäten der Erde miteinander in Verbindung brachte, uns von einem Namen zu einem anderen führte, einen Unterschied, den (besser als eine Spazierfahrt, bei der es, da man inzwischen beliebig aussteigen kann, keine eigentliche Ankunft mehr gibt) das geheimnisvolle Wirken schematisch darstellt, das sich in jenen besonderen Stätten, den Bahnhöfen, vollzog, die nicht eigentlich zur Stadt gehören, jedoch die Essenz ihrer Persönlichkeit enthalten, genau wie sie auf einem Anzeigeschild ihren Namen tragen."[77]

Dem gegenübergestellt heißt es in dem Kommentar der Süddeutschen Zeitung:
„Prousts Welt breitet sich einfach aus, verlockend und fatal. Dieses absichtslose Wohlgefallen ist inzwischen kaum noch auszuhalten. Was diese Sprache mitteilt, ist – im Wortsinn – nicht mehr zu gebrauchen; sie sperrt sich gegen jede Verfügbarkeit. Mit Ausnahme der berüchtigten Madeleine ist der Allgemeinheit denn auch wenig Inhaltliches bekanntgeworden. Das rächt sich: Prousts Sprache hat inzwischen mit einigem Unverständnis selbst bei den Bewunderern zu rechnen. Wo jeder auf schnellstmögliche Weise an ein Ziel kommen will, das schon nicht mehr wichtig ist in dem Moment, da man es erreicht hat – ein Phänomen, das gewiß nicht nur die Sexualität entwürdigt

◆◆

hat –, wird eine fortwährend in sich selbst retardierende Sprache als peinigender Triebaufschub empfunden. Aufschub aber ist das letzte, was das Sprachempfinden im Zeitalter des Rap und der Dampfplauderei duldet. Was nicht augenblicklich zur Sache kommt – was immer die Sache sei –, hat die Gunst des Augenblicks schon verspielt. Prousts Bemühen, dem Flüchtigen wenigstens sprachliche Dauer zu verleihen, ist unserer Gegenwart derart zuwider, daß das Unverständnis ganz besonders der sprachlichen Mimesis von Dauer gilt. Peter Handke wie Botho Strauß, die ja vor allem Flüchtigkeit beklagen und Dauerhaftigkeit einklagen, haben gerade für dieses Beharren, mehr noch als für ihre politischen Standpunkte die Prügel der Zeitgemäßen bezogen."

Bei Proust, dessen „Suche" allerhöchste Verehrung genießt, geht es weiter:
„Leider sind diese wunderbaren Stätten, die Bahnhöfe, von denen aus man fernen Bestimmungsorten entgegeneilt, zugleich auch tragische Stätten, denn wenn sich in ihnen zwar das Wunder vollzieht, durch das Länder, die bislang nur in unserem Gedanken für uns existierten, zu solchen werden, in denen wir leben und wohnen, müssen wir doch auch aus dem gleichen Grund beim Verlassen des Wartesaals darauf Verzicht leisten, gleich wieder in das vertraute Zimmer zurückzukehren, in dem wir eben noch waren. Man muß jede Hoffnung fahren lassen, am Abend zu Hause zu schlafen, sobald man sich entschlossen hat, die verpestete Höhle zu betreten, durch die man Zutritt findet zum Mysterium, eine jener großen, glasverkleideten Werkstätten, wie der Bahnhof Saint-Lazare eine

ist, in dem ich den Zug nach Balbec nahm, während sich über der gewaltsam aufgebrochenen Stadt einer jener ungeheuren rohen und von dramatischen Drohungen trächtigen Himmel entfaltete, ähnlich gewissen Himmeln von fast pariserisch anmutender Modernität bei Mantegna oder bei Veronese, ein Himmel, unter dem sich einzig ein Akt von furchtbarer Feierlichkeit vollziehen konnte wie eine Abreise mit der Eisenbahn oder die Kreuzerhöhung. (...)
Meine Großmutter verband mit unserem Aufbruch natürlich eine etwas andere Vorstellung, und immer noch ebensosehr wie früher darauf bedacht, daß die Geschenke, die ich erhielt, einen künstlerischen Wert besäßen, hatte sie, um mir von dieser Reise einen wenigstens teilweise alten ,Abzug' zu bescheren, gewollt, daß wir zur einen Hälfte mit der Eisenbahn, zur anderen mit dem Wagen die Strecke zurücklegten, die der Reiseroute der Madame de Sévigné von Paris nach ,L'Orient' über Chaulnes und ,le Pont-Audemer' entsprach. Doch mußte meine Großmutter auf diesen Plan verzichten, da mein Vater seine Ausführung verbot; er wußte, wenn sie einen Ortswechsel in der Absicht organisierte, allen nur erdenklichen geistigen Nutzen daraus zu ziehen, mit wie vielen versäumten Zügen, verlorenen Gepäckstücken, Halsentzündungen und Geldbußen zu rechnen war."[78]

Peter Buchka analysiert anhand von Marcel Proust unser Verhältnis zur Zeit und zur Langsamkeit:
„Entgegen dem Titel von Sten Nadolny wird Langsamkeit nicht etwa entdeckt, sondern verachtet. Darum verlernen wir, an der Vielfalt und Komplexität der Sprache noch

◆◇◆◇◆◇◆◇◆◇◆◇◆◇◆◇◆◇◆◇◆◇◆◇◆◇◆◇◆◇◆◇◆

Vergnügen zu finden: Das dauert alles zu lang; das ist einfach uncool. So spürt man gerade bei der Lektüre Prousts das Paradoxon unserer Zeit, in der Gier nach dem Augenblick gar keine Zeit mehr für den Augenblick zu haben. Stets sind wir immer schon weiter. Die Verluste spürt man erst später. Doch ihnen, zumindest, wird man ja noch nachtrauern dürfen."

Und noch ein ganz berühmter Abschnitt aus der „Suche nach der verlorenen Zeit" sei hier zitiert: „So würden wir also einfach von Paris mit dem Einuhrzweiundzwanzigzug abfahren, den ich zu oft und zu gern im Kursbuch nachgeschlagen hatte – und der mir dann jedesmal die freudige Aufregung, beinahe die beseligte Illusion der Abreise verschafft hatte –, als daß ich mir nicht einbildete, ihn bereits zu kennen. Da in unserer Phantasie die Einzelheiten eines Glücks weit mehr auf der Identität mit den Wünschen, die es in uns weckt, als auf genauen Informationen über seine Beschaffenheit beruhen, glaubte ich dieses hier bereits in allen Details zu kennen und zweifelte nicht, daß ich im Abteil ein besonderes Vergnügen empfinden würde, wenn die Kühle eintrat, und bei der Ankunft an einer bestimmten Station diesen oder jenen Effekt betrachten könne. So kam es, daß dieser Zug, der in mir die Bilder immer der gleichen Städte wachrief, die ich vom Licht jener Nachmittagsstunden umflossen sah, in denen er verkehrt, mir anders als alle anderen Züge erschien; und schließlich hatte ich auch noch, wie man es oft mit einem Menschen macht, den man nie gesehen hat, dessen Freundschaft gewonnen zu haben man aber träumt, die immer gleichen individuellen Züge dem blonden Reisenden – einem Künstler – verliehen, der mich

zum Weggenossen wählen und von dem ich mich am Fuß
der Kathedrale von Saint Lô verabschieden würde, bevor
er gen Abend entschwände.

Da meine Großmutter sich nicht entschließen konnte, nur
‚einfach so‘ nach Balbec zu fahren, wollte sie sich wenigstens vierundzwanzig Stunden bei einer ihrer Freundin-
nen aufhalten, die ich bereits am Abend wieder verlassen
sollte, um nicht zu stören und auch um am folgenden Tag
noch gleich die Kirche von Balbec zu sehen, die, wie wir
hörten, von Balbec-Plage ziemlich weit entfernt lag und
die ich später, wenn meine Badekur begonnen hätte, vielleicht nicht würde besuchen können. Es war vielleicht
auch leichter für mich zu wissen, daß das wundervolle
Hauptziel meiner Reise seinen Platz noch vor der grausa-
men ersten Nacht haben würde, in der ich ein neues Zimmer beziehen und mich damit abfinden müßte, dort eine
Weile zu wohnen."[79]

Gleichzeitig mit Marcel Proust lebte in Paris ein Musiker,
der aufreizende Beispiele für langsame Musik geliefert
hat: Erik Satie (1866–1925). Die meisten seiner Stücke tragen als Spielvorschrift die Worte „Très lent", Sehr langsam.
In einem Stück treibt er die Provokation auf die Spitze:
„Vexations" (Quälereien) das 840 mal wiederholt werden
soll. Eine „Note de l'auteur" verfügt: „Um dieses Stück 840
mal hintereinander zu spielen, wird es gut sein, sich zuerst
darauf vorzubereiten, in größter Stille, mit ernster
Regungslosigkeit." Zu spielen „Très lent"! Diese Musik,
1892/93 komponiert, wurde erst 1963 in New York von
John Cage mit einem Team von neun Pianisten urauf-
geführt und dauerte 19 Stunden. Von da aus ist es nicht weit

◆◆◆◆◆◆◆◆◆◆◆◆◆◆◆◆◆◆◆◆◆◆◆◆◆◆◆◆◆◆◆◆◆◆◆◆◆◆

zu James Joyce (1882–1941) und seinem „Ulysses" von 1922. Darin geht es um die Beschreibung von sage und schreibe 24 Stunden aus dem Leben des Mr. Bloom. Der Leser erfährt, was die Titelfigur und andere denken und mit sich diskutieren. James Joyce ist der Erfinder des inneren Monologs:

„Aus der veränderten Einstellung des Autors zur Realität ergab sich ein neuer Erzählstil. An die Stelle der optimistischen Überzeugung, daß der einzelne seine Umgebung gestalten, sein Schicksal bestimmen könne, trat im 20. Jahrhundert in zunehmendem Maße das Gefühl der Unsicherheit und Orientierungslosigkeit; das künstlerische Individuum büßte das Vertrauen in die schöpferische Autonomie und damit auch den Glauben ein, die Welt in Analogie zum Naturwissenschaftler deuten zu können. Daher fehlt bei Joyce die stabile Erzählperspektive: er berichtet nicht mehr aus der fixen Sicht eines Erzählers, der sich in seinen Urteilen in Übereinstimmung mit seiner Leser- oder Hörergemeinde weiß, sondern zeigt mit Hilfe moderner Techniken, wie der erlebten Rede und des inneren Monologs, die Realität in einem ständigen Wandel. Die Wirklichkeit, aber auch die sprachlichen Möglichkeiten, über Wirklichkeit zu sprechen, gleichen einem Labyrinth. Eine gewisse künstlerische Einheit gewinnt das Werk durch die Korrespondenzsysteme, die Joyce einarbeitete; dabei dominieren die Anspielungen auf die *Odyssee,* die jedoch ebenfalls dem Gestaltungsprinzip der permanenten Metamorphose unterworfen sind."[80]

Joyce und Satie rücken sehr eng zusammen, wenn man den Iren als Komiker versteht, ein Ehrentitel, der Satie nie streitig gemacht wurde:

❖❖❖❖❖❖❖❖❖❖❖❖❖❖❖❖❖❖❖❖❖❖❖❖❖❖❖❖❖❖❖

„Man wird Joyces *Ulysses* am ehesten gerecht, wenn man ihn als einen komischen Roman liest, der in souveräner Weise mit der Sprache und den literarischen Darstellungstechniken sein Spiel treibt. Literarhistorisch ist Joyces *Ulysses* Rabelais' *Gargantua et Pantagruel* und Laurence Sternes *Tristram Shandy* gegenüberzustellen."[81]

Ein Auszug aus „Ulysses" soll davon einen Eindruck vermitteln:

„Gerty war diamantenhart. Die Augen, die auf sie geheftet waren, ließen ihre Pulse summen. Sie sah ihn einen Moment an und begegnete seinem Blick, und ein Licht brach über sie herein. Weißheiße Leidenschaft war in jenem Gesicht, Leidenschaft, so schweigend wie das Grab, und diese Leidenschaft hatte sie zu der seinen gemacht. Endlich waren sie allein, ohne die andern, die immer nur spähten und anzügliche Bemerkungen machten, und sie wußte, er verdiente Vertrauen bis in den Tod, unerschütterlich, ein echter rechter Mann, ein Mann von unbeugsamer Ehre bis in die Fingerspitzen. Seine Hände und sein Gesicht arbeiteten, und bei diesem Anblick überlief sie ein Zittern. Sie lehnte sich weit zurück, um hinaufzublicken, wo das Feuerwerk war, und sie umschlang ihr Knie mit den Händen, damit sie nicht umfiel nach hinten beim Aufblicken, und es war ja auch niemand da, der hinsehen konnte, nur er, und sie, als sie nun ganz ihre anmutigen schöngeformten Beine enthüllte, geschmeidig weich und zart gerundet, und es war ihr, als höre sie das Klopfen seines Herzens, sein heiseres Atmen, denn sie wußte von der Leidenschaft solcher Männer, solch heißblütiger Männer, weil Bertha Supple ihr einmal unter dem Siegel der Verschwiegenheit und sie mußte schwören, daß sie niemals

◆◆

von dem Herrn erzählt hatte der zur Untermiete bei ihnen
wohnte aus dem Congested Districts Board daß er sich Bilder ausgeschnitten hätte aus Zeitungen von diesen Serpentintänzerinnen und so welchen die beim Tanzen die
Beine ganz hoch schmissen und sie sagte er hätte dann
immer etwas gar nicht Schönes gemacht was sie sich wohl
denken könnte manchmal in seinem Bett. Aber dies hier
war doch etwas ganz ganz anderes weil ja ein großer
Unterschied dabei war eben weil sie fast fühlen konnte
wie er ihr Gesicht zu dem seinen hinüberzog und die
erste schnelle heiße Berührung seiner schönen Lippen. Im
übrigen bekam man ja auch die Absolution solange man
nicht das andere tat bevor man verheiratet war und eigentlich sollte es doch weibliche Priester geben die verstanden
auch ohne daß man ihnen lange erzählen mußte und
auch Cissy Caffrey hatte ja manchmal diese träumerische
Art von träumerischem Blick in den Augen so daß sie
wohl ebenfalls, ach du lieber Gott, und Winny Rippington
war ja wie versessen auf Schauspieler-Photographien und
außerdem war es wegen dem andern was da am kommen
war jetzt.

Und Jacky Caffrey schrie, sie sollte doch kucken, da wäre
schon wieder eine, und sie lehnte sich zurück, und die
Strumpfbänder waren blau, richtig passend, wegen den
Durchsichtigen, und alle sahen sie hinauf und schrien,
kuckt doch, kuckt doch mal, da, und sie lehnte sich noch
weiter zurück, um das Feuerwerk zu sehen, und etwas
Seltsames flog herum durch die Luft, ein weiches Etwas,
dunkel her und hin. Und sie sah eine lange Leuchtkugelröhre aufsteigen über den Bäumen, hoch, hoch hinauf,
und in der gespannten Stille waren sie alle atemlos vor

❖❖❖❖❖❖❖❖❖❖❖❖❖❖❖❖❖❖❖❖❖❖❖❖❖❖❖❖❖❖❖

Erregung, wie sie da höher stieg und immer höher, und sie
mußte sich weiter und immer weiter zurücklehnen, um
ihr nachzusehen dort oben, hoch, hoch, außer Sichtweite
fast, und ihr Gesicht ward von einer göttlichen schier die
Sinne benehmenden Röte überflutet vor lauter ange-
strengtem Zurücklehnen, und er konnte nun auch ihre
anderen Sachen alle sehen, die Kniehöschen aus Nain-
sook, dem hautsympathischen Gewebe, die viel besser
waren als die andern Schlüpfer, die grünen, für vier-elf,
weil sie nämlich weiß waren, und sie ließ ihn, und sie sah,
daß er sah, und dann stiegs so hoch, daß es einen Augenblick lang ganz außer Sicht geriet, und sie zitterte an allen
Gliedern, weil sie so weit zurückgebeugt war, und er hatte
freien Blick voll hoch hinauf über ihr Knie, so weit wie
noch keiner, nicht einmal in der Schaukel oder beim
Waten, und sie schämte sich nicht und er ebenfalls nicht, in
so unanständiger Weise so hinzusehen, weil er dem
Anblick der wundervollen Enthüllungen nicht zu wider-
stehen vermochte, die sich ihm halb bot wie bei diesen
Serpentintänzerinnen, die sich so unanständig aufführten
vor zukuckenden Herren, und er sah weiter herüber
und immer weiter. Sie hätte gern nach ihm geschrien,
erstickend fast, hätte gern die schneeigen schlanken Arme
ausgestreckt nach ihm, daß er käme, daß sie seine Lippen
auf ihrer weißen Stirne fühlte, eines jungen Mädchens
Liebesschrei, einen kleinen unterdrückten Schrei, der sich
ihr entrungen, jenen Schrei, der geklungen ist durch die
Zeitalter alle. Und dann sprang eine Rakete hoch und
schoß peng blind und O! dann barst die Leuchtkugelröhre
auseinander und es war wie ein seufzendes O! und alles
schrie O! und O! in Verzückung und es ergoß sich daraus

ein Strom goldregnender Haarfäden und sie schimmerten auseinander und ah! da warens auf einmal lauter grünliche tauige Sterne die niederfielen mit güldenem, O so lebendig! O so sanft, süß sanft!

Dann schmolz alles tauig dahin in der grauen Luft: alles war still. Ah! Und sie blickte hinüber zu ihm, als sie sich nun vorbeugte, schnell, mit einem rührenden kleinen Blick des kläglichen Protests, des scheuen Vorwurfs, unter dem er rot wurde wie ein Mädchen. Er hatte sich wieder zurückgelehnt an den Felsen hinter sich. Leopold Bloom (denn er ist es) steht still, gebeugten Haupts vor jenen arglosen jungen Augen. Welch ein Unhold war er gewesen! Wieder das alte Lied? Eine schöne lautere Seele hatte ihn gerufen, und wie hatte er, der Elende, geantwortet? Ein ganz gemeiner Kerl war er gewesen. Ausgerechnet er! Aber es lag eine unendliche Fülle von Erbarmen in jenen Augen, und so winkte auch ihm wohl ein Wort der Verzeihung, selbst wenn er ein Sünder war und in die Irre gegangen und ruhelos gewandert. Würde ein Mädchen etwas weitersagen? Nein, nein und tausendmal nein. Es war ihrer beider Geheimnis, einzig ihrs, die sie allein waren im verbergenden Dämmerlicht, und keiner war da, der es wußte oder erzählen konnte, außer der kleinen Fledermaus, die so sanft durch den Abend flog, her und hin, und kleine Fledermäuse, die plaudern nicht."[82]

Der Widerstand gegen die zunehmende Geschwindigkeit und die Verteidigung jeden Millimeters der Gelassenheit verließ das Jahrhundert nicht. Härteste Exerzitien standen noch bevor und dauern an. Erstaunlich ist manche Gleichzeitigkeit: Prousts „Suche nach der verlorenen Zeit" erschien in demselben Jahr wie das Futuristische Manifest, das die Geschwindigkeit als neue Schönheit der Welt gepriesen hatte; das Erscheinungsjahr des „Ulysses", 1922, sah die Verdoppelung der Autozahl. Entgegen dem Bestreben von Joyce, Handlung nach innen zu verlegen, setzte sich im Lauf der Jahrzehnte die Krimi-um-jeden-Preis-Mentalität durch, das zeigt jeder Fernsehabend. Viel Handlung, schnelle Schnitte, kurze Dialoge – alles andere gilt als langweilig. Immerhin hatte es ab und zu Versuche gegeben, mit langen Kameraeinstellungen etwas zu schaffen, was dem „inneren Monolog" ähnlich wurde. Es seien Andy Warhol und Hans-Jürgen Syberberg genannt. Auch im Bereich der Musik gab es immer wieder Bekenntnisse zur Langsamkeit: 1983 schrieb der amerikanische Komponist Morton Feldman ein Streichquartett, das fünf Stunden dauert!

Das Publikum seinerseits entdeckte sein Herz für Musik des Mittelalters, die sicher noch viel langsamer war, als sie zur Zeit gespielt wird. Einer der anerkanntesten zeitgenössischen Komponisten ist der Este Arvo Pärt, dessen Musik bisher nicht gekannte Ruhe und Langsamkeit ausströmt.

Damit sind wir in der Gegenwart. Robert Lax, dessen Lebenslauf im vorigen Kapitel berichtet wurde, lebt als Vierundachtzigjähriger auf der griechischen Insel Patmos und schreibt. Als „Ulysses" erschien, war Lax sieben Jahre alt. Joyce wurde für ihn ein Orientierungspunkt. Einige Texte von Robert Lax sollen hier vorgestellt werden:

◆◆◆◆◆◆◆◆◆◆◆◆◆◆◆◆◆◆◆◆◆◆◆◆◆◆◆◆◆◆◆◆◆◆◆◆◆

„Tagebucheintragung vom 20. März 1964.
Kalymnos.

es ist jetzt nachmittag, und so ist es an der
zeit, ein gedicht über den nachmittag zu
machen, unter ihm hervorzukriechen mit einem
langen seufzer und von oben her in ihn hineinzu-
tauchen: nachmittag, goldene zeit: nichts anderes vor sich als die welt, leben und welt, leben
auf der welt, die struktur des lebens, die struktur jeder minute so wie sie vergeht.
es ist nachmittag, und so ist es an der zeit, ein
gedicht über den nachmittag zu machen (der
nachmittag macht sich selbst zum gedicht)

nachmittag, der nachmittag, die leute stehen
am sonnenbeschienenen kai und warten auf die
,kanaris'.

sie stehen am kai und warten auf das schiff:
die ankunft der ,kanaris'."[83]

Sigrid Hauff äußert sich dazu: „Lax steht dem, was er
erlebt, nicht mehr mit ständiger Reflexion und Introspek-
tion im Weg. Er gibt sich dem Augenblick hin und denkt
nicht als erstes darüber nach, was gerade passiert. Die Prä-
senz ohne jede Spur von Ablenkung spürt jeder, der Lax
begegnet."[84]
„Ein Traum kommt zu dir wie ein Geschenk.
Genauso ist auch Leben im Wachzustand ein
Geschenk, das sich vor dir entfaltet, wenn du

❖❖❖❖❖❖❖❖❖❖❖❖❖❖❖❖❖❖❖❖❖❖❖❖❖❖❖❖❖❖❖❖❖

dich nicht unbedingt in Aktivitäten stürzt oder es
interpretieren willst oder sonst etwas unter-
nimmst, um es auszubeuten. Du kannst zuschau-
en, wie es sich entwickelt, wie du einen Traum
verfolgst. Ich halte das für wünschenswert, denn
der Mensch, der in dir steckt und diesen Traum
träumt, ist sehr wahrscheinlich näher an dem,
der du wirklich bist, als der, für den du dich
selbst hältst oder für den die Leute, mit denen
du im Laufe des Tages zu tun hast, dich halten.
Dein wirkliches Ich ist eher das Ich im Traum –
wenn du es in den Alltag herüberholen kannst,
dürfte das eine Verbesserung deiner Verfassung
und etwas Positives für den Alltag mit sich bringen.
Es gibt ein Fließen, an dem du, wenn du es
fließen läßt, Gefallen finden und dich treiben
lassen kannst."[85]

Und hier wird das Langsam-Lesen verlangt:
„Lax' Text mit dem Teil ‚Tractatus' beschreibt die Flüchtigkeit der Zeit und spricht vom ‚business of the moment',
der Arbeit am und im Augenblick: In jedem Augenblick
stecke – verborgen oder offensichtlich – die mögliche
Erfüllung, Vollendung. Jeder Augenblick stelle seine
Anforderung und halte ein Angebot bereit. Sich diesen
Augenblicken zu öffnen, sie wahrzunehmen, sie voll zu
leben und zu erleben wurde Lax zur Lebensaufgabe;
diese Augenblicke zu vermitteln Aufgabe seiner Dichtung.
(...) die ‚Zeitlosigkeit', das erreichen die Gedichte von

Robert Lax, wenn sie diese Momente außerhalb der Zeit
oder in jeder beliebigen Zeit einfangen und zeitlose Wahr-
heiten aus dem Alltag herausschälen."[86]

the	the
red	red
(grow-	(grow
ing	ing
dark)	blue)
con	con
front	front
ed	ed
the	the
blue	blue
the	the
blue	blue
(grow-	(grow
ing	ing
red)	dark)
con	con
front	front
ed	ed
the	the
red	red[87]

✦✦✦✦✦✦✦✦✦✦✦✦✦✦✦✦✦✦✦✦✦✦✦✦✦✦✦✦✦✦✦

Über die Menschen auf der griechischen Insel äußert er
sich:

they	what
're	a
dif	bout
fer	you
ent	?
they	don't
on	you
ly	just
live	live
	?
those	
peo	i
ple	don't
	know
are	
dif	they
fer	're
ent	dif
	fer
they	ent
on	
ly	(all
live	they
	do
	is
	live)[88]

◆◆◆◆◆◆◆◆◆◆◆◆◆◆◆◆◆◆◆◆◆◆◆◆◆◆◆◆◆◆◆◆◆◆

Von den zitierten englischen Texten von Robert Lax ist es
nur ein kleiner Schritt zu einem Buch aus dem deutsch-
sprachigen Bereich: 947 Seiten über „kant" von Hartmut
Geerken (1998). Eine Kostprobe:
„ich verlasse nach & nach den eiligen alltag & fädle mich
mit der mir grösstmöglichen langsamkeit in die wende
vom achtzehnten ins neunzehnte jahrhundert ein kant
darf keine kanten haben um einen einzigen gedanken zu
fassen brauche ich jahrzehnte das ist von einzigartiger
bedächtigkeit der staub der versöhnliche ansonsten ist
alles in der stimmung des abschieds er lachte als er sah
dass ich den taschenkalender von acht&sechzig noch
fünf&zwanzig jahre danach in der jacke hatte inzwischen
blieb die politische richtung gleich nur die geschwindigkeit hatte sich verändert je langsamer desto mehr freund
die deutschen dagegen entkommen als vogel als vögel als
fackzögel im amselwadenfett ich habe nichts mehr mit
meinem deutschen kopf zu tun denn durch die professio-
nalität bin ich allmählich verkommen wo den menschen
nichts mehr einfällt stellen sie einen göte hin über jetten-
hausen ein jet über diessen ein jäger wer nicht stirbet eh er
stirbet der verdirbet wenn er stirbet verhindern ist vor-
nehm für verarschen bitte sperma die tür auf die rute des
elefanten ist grösser als ein mensch der umkreis in ihrer
grössten dicke ist zwoeinhalb schuh ich bin froh dass ich
ein lachendes gesicht habe graue dicke haar eine plumpe
gelassene taille & mit erstaunlicher langsamkeit auf
bäume klettern kann oft rette ich mich durch mein literari-
sches geschrei hinter meiner nasenwurzel ist alles so
schwirrig so quirrlig es ist alles so attakakullakulla so kara-
kulla & tohuwabohu etc etc beim schreiben vernachläs-

❖❖❖❖❖❖❖❖❖❖❖❖❖❖❖❖❖❖❖❖❖❖❖❖❖❖❖❖❖❖❖

sige ich das material & den anstand zugunsten der energie
das ist ein sanskülettismus aber keiner muss sich meine
zögernden sätze zu eigen machen denn ihre form ergibt
sich von allein allein durch die beschaffenheit des materials & wenn einer konstatiert das ist mir zu lang & mono-
ton dann sag ich zu ihm ja wenn das so ist dann liege ich
richtig andererseits dauert der christliche aberglaube
schon zwotausend jahre zu lang das hätte schneller gehen
müssen weg mit dem verlogenen leiden im ewigen fluss
der dinge dauernd muss ich mich zusammenreissen dass
ich nicht über das ziel hinausschiesse mit den geistbewe-
genden liquiden sachen ohne geist geht sowieso alles
leichter & besser & liquider was habe ich mich einschüch-
tern lassen von einem schnellen geist die vorstellungen
der zeitlosen kindheit die präliminarien des bedächtigen
wichsens immer wenn ich etwas mit viel zeit aus meinem
kopf herausholen konnte ohne zu denken schaute mich
der rasende geist an als wenn er mich anhimmeln wollte
zur erholung meiner seele vom geist & von den vitrinen
aus den späten jahren vom jüdischen leben sitze ich fünfzehn stunden auf meinem restverwertbarkeitsarsch &
beobachte die meise auf dem herauskommenden wald-
schneckling ich trage dann den traum vom aufgegange-
nen pilz behutsam auf händen bis zu meinem papier ich
glaube ein baum ist immer betrunken wenn alles von hinten nach vorn läuft bedarf es nur der gewöhnung die
klauen des guten geschmacks bringen meinen höhrohren
nix erst wenn alle alles von mir ablehnen bin ich auf dem
gemächlichen weg die chinesen seinerzeit wussten was
glück ist eine stunde besauf ich drei stunden heirate ein
ganzes leben glück werde gärtner die konsequenz des

nicht mehr ertragbaren kann man anarchisch nennen
viereinhalb tonnen zahngold per annum technologie
reduziert die wichtigkeit menschlicher aktivitäten bis zur
insignifikanz dass die leute langsam gehen & doch so viel
zeit haben wie schritt für schritt die leute gehen & doch so
wenig eilig sind dass das volk langsam wallt & doch so
üppig frist hat dass das volk langsam wallt & doch so mas-
senhaft dauer hat dass die leute langsam gehen & indes-
sen dermassen viel zeit haben dass die menschen langsam
gehen wo sie doch so viel zeit haben wir sehen hinter dem
kloster bei lhasa dunkle wolken aufziehen & hören dicke
hagelkörner niederprasseln in der nacht danach sind mir
sämtliche messerklingen abgebrochen die zunge langsam
durch beide schlitze geführt die gesundheit zaudernd als
feigen zustand bezeichnet bei der dichterlesung in zeit-
lupe in ohnmacht gefallen die stille ist nur die stille in
unseren minderwertigen ohren die roten herbstbeeren
beschreiben im regen einen langen roten bogen auf ihrem
endlosen zweig wenn man stirbt verändert sich nix."[89]

Die Freuden der Erde
und der Langsamkeit Zauber

Igor Strawinsky (1882–1971), der russische Komponist, der
um den Ersten Weltkrieg als einer der temperamentvoll-
sten und rabiatesten Erneuerer der klassischen Musik die
Szene betrat, wurde gefragt, was er von der Musik Franz
Schuberts, etwa seinen Sinfonien, halte. Franz Schubert,
der Zeitgenosse Beethovens, heute von vielen wider-
spruchslos als Heiliger der Musik verehrt, verstörte das 19.

◆◆◆

und die erste Hälfte des 20. Jahrhunderts mit seiner Ruhe, seiner Spannung in Ruhe, seiner Intensität in Ruhe. Robert Schumann sprach von den „himmlischen Längen" bei Schubert. Frage an Igor Strawinsky, ob er denn bei den „Längen" nicht einschlafe? Seine Antwort: „Was soll's, wenn ich im Paradies aufwache."

Wie bewegt man sich im Paradies? Eilt man dort wie über die Haupteinkaufsstraße einer großen Stadt? – Ob wir geradewegs aus dem Paradies gekommen sind oder nicht, unser heutiges Lebenstempo haben wir sicher nicht von dort mitgebracht. Es wurde uns von anderen eingeredet, nicht von Mitbewohnern des Paradieses. Vom Widersacher. Johannes verrät ihn in seiner Offenbarung:[90] „Der Teufel weiß, daß er keine Zeit hat." Noch prägnanter – und aktueller, ebenda: „Enge der Zeit ist die Wurzel des Bösen."

Nach allem, was Mephisto, alias der Teufel, uns angetan hat, schlug er vor 250 Jahren noch einmal zu, aber so ins Mark oder ins Gehirn, daß wir alle immer noch außer uns, behext, rekonvaleszent sind. Wie heißt die Krankheit? „Faustischer" Aktionismus und Rennen nach Geld. Heilbar? Man gibt Patienten nie auf.

Luzifer suchte und fand Komplizen. Diejenigen, die am Supertempo Geld verdienen wollen – vom Auto bis zum Computer. Wir sind den Einflüsterungen erlegen. Wir haben gelernt, schnell für besser zu halten als weniger schnell und lassen uns von Maschinen auf das erwünschte Tempo hochziehen. Wir arbeiten, auch die Maschinen arbeiten, ein Riesenprofit sammelt sich an. Was geschieht damit? In den Industriestaaten ist er Selbstzweck geworden, man scheint die Besinnung verloren zu haben, alles läuft allein, wie eine Uranreaktion bei einem Reaktor„unfall". Wie lange?

Und das alles wird uns als positiv, als Erfolg der Wirtschaft und Industrie, als Fortschritt der Menschheit gepriesen.

Machen wir die Gegenrechnung auf: Wie hoch sind die Verluste durch zu hohes Tempo? Die Unfälle, die großen Katastrophen, die durch Übermüdung des Bedienungspersonals entstanden sind, wurden bereits aufgezählt (vgl. S. 67). Auch die immensen Kosten sind bekannt (S. 64). Das Geld würde genügen, um alles Elend auf unserem Planeten auszurotten. Aber immer noch, annähernd jede Woche, stürzt ein vollbesetztes Flugzeug vom Himmel, vermutlich, weil man sich nicht genügend Zeit für die Wartung genommen hat, auch die Bundesrepublik kann ein Lied von Zugunglücken singen, die fast zur Gewohnheit geworden sind. Der materielle Verlust schmerzt Luzifer und seinen Kreis, der Schaden an den Menschen ist ihnen so gleichgültig, wie den Unternehmern des vorigen Jahrhunderts der Zustand der Arbeiter, damals Proletariat genannt, gleichgültig war. Als Tempo-Proletariat könnte man uns bezeichnen, – Sie und mich! Übrigens die Chefs inzwischen auch. Der Unterschied zu damals: Wir haben genug zu essen und können ab und zu eine Ferienreise buchen.

Bei den erwähnten Fällen ging es um materiellen Schaden und um die Verletzung, sogar Tötung von Menschen. Wer aber hätte sich vorgestellt, daß auch das Rechtswesen wegen der geforderten und gehandhabten Beschleunigung an Zuverlässigkeit einbüßt?

Der Kölner Rechtsanwalt Gerhard Knull lieferte mir dafür Informationen: „71 Prozent der Deutschen halten nach

◆◆◆◆◆◆◆◆◆◆◆◆◆◆◆◆◆◆◆◆◆◆◆◆◆◆◆◆◆◆◆◆◆◆◆

einer Forsa-Umfrage die deutsche Justiz für langsam." Es wird mit Geldmangel und anschließender Überlastung dagegen argumentiert. Dazu Gerhard Knull:

„Heute fallen die Kosten der Rechtspflege kaum noch ins Gewicht. Nach wiederholten Anhebungen der Gerichtskosten verbrauchen die Justizhaushalte des Bundes und der Länder nur noch knapp 1 Prozent aller öffentlichen Ausgaben. Das steht in keinem Verhältnis zu den positiven Auswirkungen der Rechtspflege oder zu den Kosten vergleichbarer Dienstleistungen, etwa der Gesundheitspflege. Jede Beschleunigung hat ihre Kehrseite. Das gilt auch für die Prozeßbeschleunigung. So hatte etwa die Erhöhung der Berufungssumme von DM 300,– auf DM 1500,– zur Folge, daß für mehr als 40 Prozent aller Urteile der Amtsgerichte keine Berufung mehr zulässig ist. Wenn man – zugunsten der Justiz – davon ausgeht, daß die nicht anfechtbaren Urteile mit der gleichen Sorgfalt erarbeitet werden wie die berufungsfähigen Urteile, bedeutet das unter Zugrundelegung der Ergebnisse der erwähnten Statistik für das Jahr 1995, daß über 2/5 aller Urteile der Amtsgerichte in Prozessen mit Streitwerten unter DM 1500,– unanfechtbar falsch sind. Das ist nicht nur rechtspolitisch nicht akzeptabel; das ist auch wirtschaftlich mit Nachteilen verbunden.

Das Streben nach einem ‚Fast-food-Service' für die Justiz muß endlich aufhören. Es gilt, auch für die Justiz den Wert der Langsamkeit wiederzuerkennen. Ansätze dafür zeichnen sich schon ab, etwa in der wachsenden Erkenntnis der Bedeutung der Mediation und der zunehmenden Bereitschaft zur außergerichtlichen Streitschlichtung. Selbst in den Kreisen früherer Befürworter einer weiteren

◆◇◆◇◆◇◆◇◆◇◆◇◆◇◆◇◆◇◆◇◆◇◆◇◆◇◆◇◆◇◆◇◆◇◆

Prozeßbeschleunigung scheint diese Erkenntnis langsam Fuß zu fassen. Nach einem kürzlich vorgelegten Vorschlag des Justizministeriums sollen Gerichtsverfahren, wenn eine Chance für eine außergerichtliche Streitschlichtung besteht, nicht mehr beschleunigt abgeschlossen, sondern bis zur Einigung der Parteien ausgesetzt werden."

Und nun zum nicht-materiellen Verlust durch das Sich-einlassen auf „extra-humane" Geschwindigkeiten: Seneca wußte es schon vor 2 000 Jahren: „Nichts kann ein viel-beschäftigter Mensch weniger als leben." Zum Weinen! Goethe wußte es auch. Er ließ Mephisto über Faust sagen: „Ihm hat das Schicksal einen Geist gegeben, der ungebän-digt immer vorwärts drängt und dessen übereiltes Streben der Erde Freuden überspringt." Faust – unser deutscher Nationalheros, „faustisch" unsere ideale Charakter- und Seelenverfassung – so wurde sie gepriesen, und dazu wurde man erzogen. Im Klartext: Leben ohne Freuden. Um es Paul Lafargue sagen zu lassen: Leben in der „Ent-haltsamkeit, zu welcher sich die produktive Klasse hat verurteilen lassen".[91] Wenn das nicht zum Weinen ist!

Genau aufgezählt, was uns verloren gegangen ist: Wir nehmen aus dem Zug die Blumen nur noch als weiße und rote Streifen wahr (S. 33). Wir entbehren ihren Duft – übrigens auch auf Fotos. Wie lange dauert es, zu den Blumen hinzugehen und ihren Duft einzuatmen? Ist das die wenigen Minuten nicht wert? Beim Blick aus dem Fenster eines fahrenden Zuges stellt sich wenigstens noch die Erinnerung an eine Blüte und ihren Duft ein, im Flugzeug fällt auch das weg, man sieht überhaupt nichts mehr von der Welt draußen. Noch weniger spürt man vom Leben.

Mit dem Schmecken ist es genau so: Ich kannte einen

◆◆◆◆◆◆◆◆◆◆◆◆◆◆◆◆◆◆◆◆◆◆◆◆◆◆◆◆◆◆◆◆◆

Maler, der sehr wenig Geld hatte und sich nur selten etwas zu essen kaufen konnte. Aber er besaß einen Kalender mit Kochrezepten und verführerischen Fotos von den Speisen. Wenn er Hunger hatte, stellte er diesen Kalender mit einem von ihm heiß begehrten Gericht auf seine Staffelei und stellte sich intensivst den Geschmack vor, bis er sich zufrieden fühlte – bei leerem Magen. Vielleicht wäre das etwas für alle?

Wir sind geschmackstaub und geruchsblind. Die Geschwindigkeit hat uns diese Amputation zugefügt. Das hat auch die Gehirnforschung für die Musik festgestellt: Wegen zu hohen Spieltempos – man spricht hier von Frequenz – dringt die Musik nicht in den Bereich des Gehirns, wo sie dem Menschen wirklich wohltut, in den Delta-Bereich. Wenn wir vom Klang erreicht würden, staunten und jubelten wir über das, was die Frequenzen, der Klang, die Musik, korrekt gesagt: die Welt zu bieten hat. Ihre Freuden!

Die reale Welt läßt sich immer weniger anfassen, jedenfalls nicht in den Erscheinungsformen, die uns angeboten werden. Das geht sehr weit:

„Die Zeichen der Zeit gar verweisen auf den Siegeszug des Immateriellen – der hyperrealen Parallelwelten im digitalen ‚Cyberspace‘: Teilhabe ohne Anwesenheit lautet die Formel, Dabeisein ohne die Last der Verantwortung. Sollte nicht in einer Welt, in der alles *Simulation* ist, wo alles abstrakter wird, auch bald der Lebenspartner und die Familiencrew aus jenem Stoff sein, den unsere gerade aktuellen Träume weben? Wer sich mit ‚Data-glove‘ und passender Software von einem ewig jungen James Dean zum Traualtar geleiten oder wenigstens in die Disco entführen lassen kann, muß nicht mit den Hinzens und Kunzens von nebenan auf Zeit und Ewigkeit sein Leben teilen. (...) Es könnte nach dem Vorbild der französischen Bildschirmtextvariante des ‚Minitel' mit seinen anonymen Erotikbotschaften bald auch schon der Liebhaber dem *Bildschirmliebhaber* und die Familie aus Fleisch und Blut den fluiden Wahl-Verwandtschaften der *virtuellen Wunschfamilie* weichen: Barbiepuppenkids zu den Familienfesten und der Lieblingsonkel zum Wochend-Monopoly.“[92]

Die Händler mit der Entschleunigung machen dagegen ihr Geschäft mit Büchern und Kursen zu ‚Tantra, der Kunst der sexuellen Ekstase'.

Die Beziehung zwischen zwei Menschen ist nur ein Teil des Generalproblems, nämlich die zunehmende Vereinzelung:

„Trotz aller fortgeschrittenen Bewegungsmöglichkeiten – besser: gerade durch sie – hat die Einsamkeit zugenommen. Beschleunigung erzeugt Gleich-Gültigkeit. Sie ist der Feind des Sozialen und aller wirklichen Gemeinschaft. Die Beschleunigung ist das Ozonloch unserer Zeit-Atmosphäre.“[93]

Das moderne Lebenstempo und seine Verkehrsmittel fördern nicht die Kommunikation, sondern vereiteln sie – weil man eben keine Zeit hat – sie schaffen Vereinsamung. Im Auto verliert man nicht nur den Kontakt zur Natur, man ist auch allein bis zum Autismus. Unsere Gesellschaft wird zur Ansammlung von Einzelwesen, die auch dazu erzogen worden sind und mit jeder Werbesendung intensiv in diese Richtung geschoben werden. Sie sollen lernen, wie sie als Teilnehmer der kapitalistischen

◆◆◆◆◆◆◆◆◆◆◆◆◆◆◆◆◆◆◆◆◆◆◆◆◆◆◆◆◆◆◆◆◆◆◆◆◆

Wirtschaft am meisten und am schnellsten Erfolg haben
können, was ihnen prophezeit wird. Die wichtigsten
Eigenschaften sind Egoismus, Habgier, Geiz und zwangsläufig Neid. Den „Nächsten zu lieben wie sich selbst" gilt
als zu kostspielig, etwas zu verschenken ist schon fast
unmoralisch. Es gibt nur noch die Überlegung: „Was
bekomme ich dafür? Was habe ich davon?"
Gegen diese Isolation gibt es keine Tröpfchen und keine
Tabletten. Zur Ablenkung flieht man in den nächsten
Cyberspace oder vor den Fernseher. Wie können wir dem
entgehen? Ich denke: wieder nur durch einen Schock.
Man muß irgendwann schmerzhaft erfahren, in welchem
Gefängnis wir leben, leben sollen, sogar müssen. Und was
ist draußen? Die Berichte der Aus- oder Umsteiger lassen
keinen Zweifel daran, daß eine Rückkehr in den Reichtum der Welt mühsam ist. Ich weiß keinen zuverlässigeren
Weg, als sich der Verführung auszusetzen und ihr nach-
zugeben. Lassen Sie sich verzaubern vom Duft einer
Blüte, von der „Blume" eines Weins, von einem Sonnen-
aufgang oder dem Fortschreiten der Dämmerung, von
einer köstlichen Siesta, dem Schmelz eines Klanges, dem
Farbenspiel eines Bildes, dem Zauber eines Zusammen-
seins oder eines langsamen Gespräches. Dabei müssen
wir immer gesagt bekommen, daß der Genuß der Freuden des Lebens und der Welt nicht unmoralisch ist; das
hatten nur diejenigen als Losung ausgegeben, die von der
Arbeitskraft anderer leben. –
Ihre Verführbarkeit wird wachsen und Ihnen Inhalte in
die Seele bringen, die in schnellem Tempo nicht wahrge-
nommen werden können, sie sind nicht neu, sondern sie
waren verschüttet und unsichtbar, wie die Blumen am

◆◆◆◆◆◆◆◆◆◆◆◆◆◆◆◆◆◆◆◆◆◆◆◆◆◆◆◆◆◆◆◆◆◆

Wegrand der Eisenbahnschienen. Wieder kann man aus der Lebens- und Gedankenwelt des Konfuzius Hilfreiches lernen:

„Erst in der Langsamkeit erwachen die Sinne."

Folgendes sagte uns die japanische Künstlerin Shizuko Yoshikawa bei einem Gang durch den chinesischen Garten in Zürich:

„Der Garten ist konzeptuell nach der Dichotomie von Ying und Yang aufgebaut, die fliessende Verbindung von Aussenraum und Innenraum, die Spiegelbildfunktionen zwischen Sichtbarem und Gespieltem, z.B. Brücke und Wasser. Ich denke auch an die Form der Pavillondächer, die eine enge Verbindung zum Himmel symbolisiert, eine nach oben geschlagene Welle.

Zu den verschiedenen Optiken kommen die Geräusche, z.B. die des Bambus. Man muss den Kopf ja immer bewegen, man kann nicht nur nach vorne sehen. Vielleicht wirkt das sehr beruhigend. Diese Idee stammt übrigens aus dem Taoismus. Das Leben verläuft nicht geradlinig, sondern in Schleifen und Mäandern. Es ist stete Bewegung. Der Garten ist so die Konkretisierung eines philosophischen Konzepts.

Ich glaube, dass ein östlicher Garten langsames Gehen verlangt, weil nur in der Langsamkeit die menschlichen Sinne sich öffnen. Auf krummen Wegen kann man naturgemäss nicht geradeaus marschieren."[94]

Ich habe diese Erfahrung gemacht, als mir in Ankara von einer Zuhörerin meines Konzerts gesagt wurde: Lang ist doch viel schöner (als schnell und kurz)! Lassen Sie sich vom Reichtum der Welt verführen, von dem Teil, auf den wir wegen des schnellen Tempos permanent verzichten

◆◆◆◆◆◆◆◆◆◆◆◆◆◆◆◆◆◆◆◆◆◆◆◆◆◆◆◆◆◆◆◆◆◆◆◆

müssen mit dem Ergebnis, daß ein großer Bereich unserer inneren Existenz kaum angesprochen wird, daß er verschmachtet und vertrocknet. – Der Genuß an den bis dahin nicht gekannten Sinneseindrücken wirkt sich aus wie Training, hilft über die nächste Krise. Erst wenn wir lernen, „Dauer" zu wünschen, zu hoffen, daß etwas nie enden möchte, dann fällt alle Leere und vor allem die Langeweile weg, und die ist es gerade, die zur Ausfüllung mit Hektik treibt. – So kann ich mir ein Um- oder Aussteigen auch im Täglichen vorstellen.

Noch etwas Prinzipielles, etwas Politisches: Wer ist „wir"? Sicher sind es nur die in den Industrieländern lebenden Menschen: in Europa, Amerika und Japan. Auch wenn sich von Jahr zu Jahr Nationen dazu gesellen werden, die vor kurzem noch als Entwicklungsländer galten, so sind die Zahlen trotzdem bestürzend: Nur 8 Prozent der Weltbevölkerung besitzen ein Auto, nur 3 Prozent haben Zugang zu einem Computer. Die in dem hier vorliegenden Buch ausgebreiteten Probleme betreffen also nur einen sehr kleinen Teil der Menschheit, und auch das erst seit 250 Jahren. Immerhin haben die Europäer versucht, während dieser Zeit der übrigen Welt die Errungenschaften der Technik, der Wissenschaft und der Wirtschaft zu bringen, wenn man nicht sagen muß „aufzuzwingen". Das war ein sehr spezieller Zweig der Kolonialisierung, die wir betrieben haben. Sicher wird es kein Anhalten geben, solange die Industrienationen selber an ihre Verheißungen glauben. So war das offenbar schon vor mehr als 100 Jahren. Paul Lafargue schrieb 1883:
„Wie an Waren, so herrscht auch Überfluß an Kapitalien –

natürlich nicht für diejenigen, die sie brauchen. Die Finanzleute wissen nicht mehr, wo dieselben unterbringen, und so machen sie sich denn auf, bei jenen glücklichen Völkern, die noch Zigaretten rauchend in der Sonne liegen, Eisenbahnen zu legen, Fabriken zu bauen, den Fluch der Arbeit einzuführen. Und dieser Kapitalexport endet eines schönen Tages mit diplomatischen Verwicklungen: In Ägypten wären sich England und Frankreich beinahe in die Haare geraten, um sich zu vergewissern, wessen Wucherer zuerst bezahlt werden, und mit Kriegen à la Mexiko, wo man die französischen Soldaten hinschickte, die Rolle von Gerichtsvollziehern zur Eintreibung fauler Schulden zu spielen."[95]

Wie stark sind mittlerweile die Zweifel am Segen der Geschwindigkeit? Man vergegenwärtige sich, daß zum Beispiel im Sport Temposteigerungen nur noch mit Doping zu erreichen sind, daß es in der Industrie und im Finanzwesen dopingähnliche – nicht verbotene! – Manipulationen gibt, die Profitsteigerung bringen. Ob da nicht das Ende der Fahnenstange erreicht ist? Wolfgang Sachs findet in seinem Aufsatz „Die Überholspur verlassen" (1999) folgende Sätze:

„Auch Utopien kommen in die Jahre. Über die Zeit verlieren sie oft ihre ursprüngliche Frische, erstarren in Gewohnheiten und zeigen sich schließlich vor den Herausforderungen einer neuen Epoche kraftlos. Gerade die Utopie der immer wachsenden Beschleunigung bleibt nicht von diesem Schicksal verschont. Schließlich ist sie in einem doppelten Sinn fossil: Sie erwuchs auf der Grundlage fossiler Energien und sie gehört heute deshalb einer immer weiter zurückliegenden Vergangenheit an. Nur

◆◆◆◆◆◆◆◆◆◆◆◆◆◆◆◆◆◆◆◆◆◆◆◆◆◆◆◆◆◆◆◆◆◆◆

vor dem Hintergrund einer langsamen und seßhaften Gesellschaft konnte sie wie das Fanal einer schönen neuen Welt wirken. Doch vor dem Hintergrund einer rastlosen Highspeed-Gesellschaft bietet sie bestenfalls die Wiederholung des Immergleichen, während aber Veränderungswünsche sich an neue Bilder heften. Wo daher ruhelose Mobilität regiert, dort keimt eher der Geschmack für Gemächlichkeit und Gelassenheit, wo die Fernverbindungen dominieren, dort wächst eher die Aufmerksamkeit für Nähe und den eigenen Ort. Weil neue Wünsche sich zunehmend im Kontrast zur rasenden Gesellschaft artikulieren müssen, deshalb wird es historisch möglich, öffentlich von Entschleunigung zu sprechen.

Auch breitet sich der Verdacht aus, daß eine Gesellschaft, die nicht von der Überholspur runterkommt, weder im ökologischen noch im sozialen Sinne jemals zukunftsfähig werden kann. Aus dieser neuen historischen Konstellation wachsen Wünsche und Aspirationen nach einer Befriedung der Beschleunigungsgesellschaft, ja es könnte sich eine soziale Ästhetik herausbilden, die gelassene Zeitmaße als besonders gelungen empfindet. Nachdem es für eine lange Epoche als fraglos sicher galt, daß Verbesserung heißt, den Widerstand von Dauer und Strecke zu vermindern, schiebt sich jetzt die Einsicht nach vorne, daß Fortschritt auch darin liegen kann, den Widerstand von Zeit und Raum zu belassen oder gar bewußt zu erhöhen."[96]

Das würde bedeuten, daß dem Superschnellen der Boden wegbricht, daß der Höhepunkt der Verstressung überschritten ist. Das verhindert nicht, daß Industrie und Wirtschaft noch einige Zeit weiterrasen, weil sie schwer zu stoppen sind, wenn sie überhaupt das Ende der zweihundertjährigen Entwicklung mitbekommen. Im Lager der Entschleuniger dagegen winken manche schon zum Abschied wie Wolfgang Sachs oder Karlheinz A. Geißler. Was, wenn die Entschleunigung obsiegte? Dann stellte sich als Gegenstand dieses Buches eine europäische Episode von 250 Jahren heraus, die aber alle erreichbaren Teile der Welt infiziert hat.

Ob das Denken des Konfuzius recht behält?
„Das Allerweichste wird das Allerhärteste überwinden."

Anmerkungen

[1] Max Weber, Die protestantische Ethik und der Geist des Kapitalismus, hrsg. v. Johannes Winckelmann, Tübingen 1972, S. 179.

[2] Entnommen aus: Wolfgang Sachs, Die Überholspur verlassen, in: Politische Ökologie, Sonderheft 11, 1999, S. 84.

[3] Heinrich Heine, Werke und Briefe, Bd. 6, Berlin 1972, S. 478.

[4] Friedrich List, Reiseaufzeichnungen aus dem Jahre 1825, in: Werke II, Berlin 1931, S. 67.

[5] Johann Wolfgang von Goethe, Maximen und Reflexionen, in: Werke, Bd. 12, Hamburg 1953.

[6] John Ruskin, Modern Painters III, in: The Works of John Ruskin, Vol. V, London 1904, S. 370 (eigene Übersetzung).

[7] Peter Sloterdijk, Neuzeit als Mobilmachung, in: FAZ Magazin, 30. Oktober 1987, S. 68.

[8] Ebd.

[9] Karlheinz A. Geißler, Vom Tempo der Welt, Freiburg 1999, S. 65.

[10] Fritz Klatt, Pädagogik der Tages- und Jahreszeiten, in: Die Erziehung (1928), zitiert nach: Von Rhythmen und Eigenzeiten. Perspektiven einer Ökologie der Zeit, hrsg. v. M. Held u. K. A. Geißler, Stuttgart 1995, S. 133ff.

[11] Ebd.

[12] Aus: Fritz Reheis, Zeit lassen. Ein Plädoyer für eine neue Zeitpolitik, in: Aus Politik und Zeitgeschichte. Beilage zur Wochenzeitung Das Parlament B 31/99, 30. Juli 1999, S. 32ff.

[13] Günter Grass, Der lernende Lehrer, in: Für- und Widerworte, Göttingen 1999, S. 24f.

[14] Ebd., S. 26ff., 22f.

[15] Eugen Herrigel, Zen in der Kunst des Bogenschießens, München 1954, S. 14f., 20.

[16] Ebd.

[17] Peter Sloterdijk, Eurotaoismus, Frankfurt 1989, S. 82f.

[18] Carl Gustav Jung, Die Beziehungen zwischen dem Ich und dem Unbewußten, in: Gesammelte Werke, Bd. 7.

[19] Peter Sloterdijk, a.a.O., S. 86f.

[20] Ebd., S. 93f.

◆◆◆◆◆◆◆◆◆◆◆◆◆◆◆◆◆◆◆◆◆◆◆◆◆◆◆◆◆◆◆◆◆◆◆◆

[21] Zitiert in: Martin Held, Klaus Kümmerer, Alles zu seiner Zeit und an seinem Ort, in: Die Nonstop-Gesellschaft und ihr Preis. Vom Zeitmißbrauch zur Zeitkultur, hrsg. v. B. Adam, K. A. Geißler, M. Held, Stuttgart–Leipzig 1998, S. 243.

[22] Ebd.

[23] Jürgen Zulley, Menschliche Rhythmen und der Preis ihrer Mißachtung, in: Die Nonstop-Gesellschaft und ihr Preis. Vom Zeit-mißbrauch zur Zeitkultur, hrsg. v. B. Adam, K. A. Geißler, M. Held, Stuttgart–Leipzig 1998, S. 108.

[24] Ebd., S. 109.

[25] Ebd., S. 107f.

[26] Ebd., S. 114.

[27] Übersetzt von J. Zulley, Universität Regensburg, und M. Held, Evangelische Akademie Tutzing. Martin Held, Rhythmen und Eigenzeiten als angemessene Zeitmaße, in: Von Rhythmen und Eigenzeiten, hrsg. v. M. Held und K. A. Geißler, Stuttgart–Leipzig 1995, S. 188f.

[28] Jürgen Zulley, a.a.O., S. 116f.

[29] Ebd., S. 118f.

[30] Aus: Barbara Adam, Von Urzeiten und Uhrenzeit, in: Von Rhyth-men und Eigenzeiten, Stuttgart 1995, S. 27.

[31] Peter Sloterdijk, Fahren, fahren, fahren, Berlin 1978, S. 92.

[32] Ders., Kopernikanische Mobilmachung und ptolemäische Ab-rüstung, Frankfurt am Main 1987, S. 125f.

[33] Ebd.

[34] Die hier und im folgenden zitierten Auszüge sind entnommen aus: Sten Nadolny, Die Entdeckung der Langsamkeit, München 1983, S. 9, 273f., 307.

[35] Grete Wehmeyer, Prestißißimo. Die Wiederentdeckung der Lang-samkeit in der Musik, Reinbek 1993, S. 157.

[36] In: Muße mit Humor, in: Die Zeit, 7. Mai 1998, S. 40.

[37] Die Anschrift lautet: Verein zur Verzögerung der Zeit, Sterneck-straße 15, A-9020 Klagenfurt.

[38] Fritz Reheis, a.a.O., S. 32ff.

[39] Martin Held, Klaus Kümmerer, a.a.O., S. 239.

[40] Eberhard Warweg, Informationsgesellschaft: Erfahrungen und Forderungen aus dem Bereich der Banken, in: Informationsgesell-schaft und Arbeitswelt, Köln 1996, S. 84.

[41] Fritz Reheis, a.a.O., S. 32.

◈◈◈◈◈◈◈◈◈◈◈◈◈◈◈◈◈◈◈◈◈◈◈◈◈◈◈◈◈◈◈◈

[42] Eberhard Warweg, a.a.O., S. 80, 87.

[43] Fritz Reheis, a.a.O., S. 37.

[44] Bernd Guggenberger, Die Welt der Wochenenden. Auf dem Weg in die Freizeitgesellschaft, in: Aus Politik und Zeitgeschichte, a.a.O., S. 25.

[45] Ebd., S. 27.

[46] Viola Roggenkamp, Faul sein bis zum Umfallen. Von der Anstrengung, so zu tun, als täte man was – das Bekenntnis einer Beamtin, in: Die Zeit, 12. August 1999 (Leben), S. 4.

[47] Eberhard Warweg, a.a.O., S. 91f.

[48] Ulrich Beck, Schöne neue Arbeitswelt, Frankfurt am Main – New York 1999, S. 80f.

[49] Aus: Rolf Stober, Sonntags nie? Die Zukunft der Wochenender, zitiert nach Bernd Guggenberger, a.a.O., S. 31.

[50] Bernd Guggenberger, a.a.O., S. 31.

[51] Bert Brecht, Sie sägten die Äste ab ..., in: Gesammelte Werke.

[52] Klaus Backhaus, Im Geschwindigkeitsrausch, in: Aus Politik und Zeitgeschichte, a.a.O., S. 18.

[53] Hans-Paul Bahrdt, in: Karlheinz A. Geißler, Zeit – verweile doch. Lebensformen gegen die Hast, Freiburg 2000.

[54] Leon Botstein, On Time and Tempo, in: The Musical Quarterly, Fall 1994.

[55] Aus: Michael Stegemann, Glenn Gould, München 1992, S. 383.

[56] Sheila Ostrander, Lynn Schroeder, Fitness für den Kopf mit Super-learning, München 1999, S. 21.

[57] Ebd., S. 16.

[58] Die hier zitierten Passagen von Eugen Herrigel sind entnommen aus seinem Buch: Zen in der Kunst des Bogenschießens, München 1954, S. 24ff. (mit großen Unterbrechungen).

[59] Sigrid Hauff, eine linie in drei kreisen. die innere biografie des robert lax, München 1999, S. 16ff. (mit großen Unterbrechungen).

[60] Karlheinz A. Geißler, 2000, a.a.O.

[61] Bernd Guggenberger, a.a.O., S. 28.

[62] Karlheinz A. Geißler, 2000, a.a.O.

[63] Ebd.

[64] Ebd.

[65] Ebd.

[66] Karlheinz A. Geißler, 1999, a.a.O., S. 29.

[67] Karlheinz A. Geißler, 2000, a.a.O.

[68] Ebd.

[69] Ebd.

[70] Fritz Reheis, a.a.O., S. 38.

[71] Aus: Karlheinz A. Geißler, 1999, a.a.O., S. 147.

[72] Ebd., S. 149.

[73] Aus: Europa unter Dampf, in: Kölner Stadt-Anzeiger, 21./22. August 1999, S. 4.

[74] Martin Held, Klaus Kümmerer, a.a.O., S. 246f.

[75] Karlheinz A. Geißler, 1999, a.a.O., S. 177.

[76] Peter Buchka, Können wir noch lesen, in: Süddeutsche Zeitung, 6.3.1997, S. 13.

[77] Marcel Proust, Meine Reise nach Balbec ..., in: Auf der Suche nach der verlorenen Zeit, Frankfurt am Main 1995, S. 312.

[78] Ebd., S. 313, 315.

[79] Ebd., S. 316f.

[80] Die englische Literatur, hrsg. v. Bernhard Fabian, München 1991, S. 235f.

[81] Ebd., S. 236.

[82] James Joyce, Gerty war diamantenhart, in: Ulysses, Frankfurt am Main 1979, S. 509ff.

[83] Aus: Sigrid Hauff, a.a.O., S. 102.

[84] Ebd., S. 140.

[85] Ebd.

[86] Ebd., S. 84.

[87] Ebd., S. 85f.

[88] Ebd., S. 98.

[89] Hartmut Geerken, kant, Spenge 1999, S. 87ff.

[90] Offb 12,12.

[91] Paul Lafargue, Recht auf Faulheit, Frankfurt am Main 1966, S. 35.

[92] Bernd Guggenberger, a.a.O., S. 25.

[93] Karlheinz A. Geißler, 2000, a.a.O.

[94] Aus: Martin R. Dean, Erst in der Langsamkeit erwachen die Sinne, in: Passagen. Eine schweizerische Kulturzeitschrift 17, Herbst 1994, S. 39.

[95] Paul Lafargue, a.a.O., S. 31.

[96] Wolfgang Sachs, Die Überholspur verlassen, in: Politische Ökologie, Sonderheft 11, 1999, S. 90f.

◆◆◆◆◆◆◆◆◆◆◆◆◆◆◆◆◆◆◆◆◆◆◆◆◆◆◆◆◆◆◆◆◆◆◆◆

Verzeichnis der zitierten Literatur

Für die freundliche Abdruckgenehmigung danken wir den nachfolgend genannten Verlagen, Autoren und Rechtsnachfolgern:

Brecht, Bert, Sie sägten die Äste ab ..., in: Gesammelte Werke, © 1967 by Suhrkamp Verlag, Frankfurt am Main

Buchka, Peter, Können wir noch lesen?, in: Süddeutsche Zeitung, 6. März 1997, S. 13, © by Dr. Peter Buchka

Geerken, Hartmut, kant, © by Spenge: Verlegt bei Klaus Ramm 1999

Geißler, Karlheinz A., Zeit – verweile doch ... Lebensformen gegen die Hast, © 2000 by Verlag Herder, Freiburg

Grass, Günter, Der lernende Lehrer, in: Für und Widerworte, © 1993 by Steidl Verlag, Göttingen

Hauff, Sigrid, eine linie in drei kreisen. die innere biografie des robert lax, © Erschienen im belleville Verlag Michael Farin, München. Der Abdruck erfolgte mit freundlicher Genehmigung des Bayerischen Rundfunks/Hörspiel und Medienkunst.

Heintel, Peter, u. Schnabel, Ulrich, Muße mit Humor, in: Die Zeit, 7. Mai 1998, S. 40, © 1998 by Die Zeit, Hamburg

Held, Martin, Rhythmen und Eigenzeiten als angemessene Zeitmaße, in: Von Rhythmen und Eigenzeiten, hrsg. von M. Held und K. A. Geißler, © 1995 by S. Hirzel Verlag, Stuttgart–Leipzig

Herrigel, Eugen, Zen in der Kunst des Bogenschießens, © by Scherz Verlag, Bern, München, Wien für den Otto-Wilhelm-Barth Verlag

Joyce, James, Gerty war diamanthart, in: Ulysses, aus dem Englischen übersetzt von Hans Wollschläger, © 1979 by Suhrkamp Verlag, Frankfurt am Main

Nadolny, Sten, Das Dorf, in: Die Entdeckung der Langsamkeit, © 1983 by Piper Verlag GmbH, München

Proust, Marcel, Meine Reise nach Balbec ..., in: Auf der Suche nach der verlorenen Zeit, aus dem Französischen übersetzt von Eva Rechel-Mertens, © 1967 by Suhrkamp Verlag, Frankfurt am Main

◆◆◆◆◆◆◆◆◆◆◆◆◆◆◆◆◆◆◆◆◆◆◆◆◆◆◆◆◆◆◆◆◆◆◆

Roggenkamp, Viola, Faul sein bis zum Umfallen. Von der Anstrengung, so zu tun, als täte man was – das Bekenntnis einer Beamtin, in: Die Zeit, 12. August 1999 (Leben), S. 4, © 1999 by Viola Roggenkamp (Autorin)

Sachs, Wolfgang, Die Überholspur verlassen, in: Politische Ökologie, Sonderheft 11, 1999, S. 90f., © 1999 by Verlag für Politische Ökologie, München

Sloterdijk, Peter, Eurotaoismus. Zur Kritik der politischen Kinetik, © 1989 by Suhrkamp Verlag, Frankfurt am Main

Wehmeyer, Grete, Prestißißimo. Die Wiederentdeckung der Langsamkeit in der Musik, © by Dr. Grete Wehmeyer

Zulley, Jürgen, Menschliche Rhythmen und der Preis ihrer Mißachtung, in: Die Nonstop-Gesellschaft und ihr Preis. Vom Zeitmißbrauch zur Zeitkultur, hrsg. v. Barbara Adam, Karlheinz A. Geißler, Martin Held, © 1998 by S. Hirzel Verlag, Stuttgart–Leipzig

Ders. und Knab, Barbara, Unsere innere Uhr. Natürliche Rhythmen nutzen und der Non-Stop-Belastung entgehen, © 2000 by Verlag Herder, Freiburg

❖❖❖❖❖❖❖❖❖❖❖❖❖❖❖❖❖❖❖❖❖❖❖❖❖❖❖❖❖❖❖❖❖❖❖❖❖❖

Anregende Bücher zum Leben

FREDERIK HETMANN
Stille
Mit Illustrationen von Karen Holländer
ISBN 3-451-27171-0

OTTO BETZ
Labyrinth des Lebens
Mit Illustrationen von Karen Holländer
ISBN 3-451-27172-9

❖❖❖❖❖❖❖❖❖❖❖❖❖❖❖❖❖❖❖❖❖❖❖❖❖❖❖❖❖❖❖❖❖❖❖❖

Kostbarkeiten des Lesens –
die exquisite Edition Herder

„Ein garantiertes Lesevergnügen" *(RAI)*

BERTUS AAFJES: Der Diebstahl im Teehaus
Die Fälle des weisen Richters Ooka
Mit Farbholzschnitten von Utagawa Hiroshige
160 Seiten mit 27 Farbabbildungen
ISBN 3-451-23451-3

GAUTAMA BUDDHA: Das Hohe Lied der Wahrheit
Dhammapada
160 Seiten mit 38 Farbabbildungen indischer Miniaturen
ISBN 3-451-22672-3

ANDREAS GRUSCHKE: Das Leben Buddhas
Mit Bildern tibetischer Wandmalereien
120 Seiten mit 26 Farbabbildungen
ISBN 3-451-26934-1

RAINER MARIA RILKE: Geschichten vom lieben Gott
Mit Bildern von Wassily Kandinsky
120 Seiten mit 10 Farbabbildungen
ISBN 3-451-26578-8

LOUIS ARMSTRONG U. A.: Jazz
Geschichten mit Bildern von Henri Matisse
120 Seiten mit 7 Farbabbildungen
ISBN 3-451-26699-7

◆◇◆

Inspirierende Weisheitsgeschichten

Je Band 144 Seiten mit Buchschmuck und Lesebändchen